山蔦圭輔
大妻女子大学人間関係学部人間関係学科社会・臨床心理学専攻准教授・臨床心理士

こころの健康を支える

# 臨床心理学

**Gakken**

●著者紹介
**山蔦 圭輔**(やまつた けいすけ)
2007年早稲田大学大学院人間科学研究科博士課程修了博士, (人間科学). 産業能率大学情報マネジメント学部講師・准教授, 早稲田大学人間科学学術院准教授, 順天堂大学スポーツ健康科学部准教授などを経て現在, 大妻女子大学人間関係学部人間関係学科社会・臨床心理学専攻准教授. 臨床心理士. 専門は臨床心理学, 健康心理学.

主著に『心理学・臨床心理学概論第3版』(北樹出版, 2016), 『ベーシック健康心理学―臨床への招待』(ナカニシヤ出版, 2015), 『摂食障害および食行動異常予防に関する研究』(ナカニシヤ出版, 2012), 「女子学生を対象とした新版食行動異常傾向測定尺度の開発」(『心身医学』第56号第7巻, 737-747頁), 「非評価的感情体験に基づく心理教育が公的自己意識に及ぼす影響」(『日本健康教育学会誌』第19巻第1号, 48-56頁, 2011), 「身体像不満と食行動異常との関連性―食行動異常および摂食障害予防のための基礎研究」(『健康心理学研究』第23巻第2号, 1-10頁, 2010)など.

●**編集担当**
  松下 亮一, 黒田 周作
●**編集協力**
  石山 神子
●**カバー・表紙デザイン**
  テラ・カンパニー
●**カバー・表紙イラスト**
  樋口 博徳
●**本文デザイン・DTP**
  明昌堂(小林真由美)
●**本文イラスト**
  ミウラ ナオコ

本書に記載されている内容は, 出版時の最新情報に基づくとともに, 臨床例をもとに正確かつ普遍化すべく, 著者, 編者, 監修者, 編集委員ならびに出版社それぞれが最善の努力をしております. しかし, 本書の記載内容によりトラブルや損害, 不測の事故等が生じた場合, 著者, 編者, 監修者, 編集委員ならびに出版社は, その責を負いかねます.
また, 本書に記載されている医薬品や機器等の使用にあたっては, 常に最新の各々の添付文書や取り扱い説明書を参照のうえ, 適応や使用方法等をご確認ください.

株式会社 学研メディカル秀潤社

# はじめに

　本書は，"目にみえないこころを最大限理解すること"や"こころの問題を支援するための方法を知り実践に活かすこと"などをテーマに，第Ⅰ章「心理学的人間理解」と第Ⅱ章「こころの問題を取り上げる」の2部構成としています．
　第Ⅰ章では，人間理解を促進する心理学や臨床心理学の基礎的知見をまとめました．ここでは，精神分析学や行動理論，自己理論，コミュニケーション論などといった，いわゆる"理論"を詰め込みました．
　第Ⅱ章では，メンタルヘルスの保持・増進や心身の不適応予防，具体的な支援法（とくにカウンセリングの理論と方法など）をまとめました．第Ⅱ章の内容を理解することで，現実の社会における対人関係の問題やこころの不調に関与することができる技能を修得できる可能性が広がります．
　こころの健康を考えるために，第Ⅰ章で紹介する基礎的な理論を十分に理解し，そのうえで，第Ⅱ章で紹介する具体的な支援法を修得することが理想といえます．しかしながら，皆さんが"いまこのときに"直面している人間関係の問題やこころの問題を解決する糸口を探るのであれば，ぜひ，読みやすい場所から読み進めてください．
　一方，人間理解は多様な心理学領域で検討が進められ，それぞれが独立しているように感じられることもあります（たとえば，本書が2部構成，21のカテゴリーで分かれているように）．しかし，心理学や臨床心理学がターゲットとするものは，人間であり，こころです．したがって，独立しているようであっても，すべてが関係しているといっても過言ではありません．読みやすい場所を読み終えたあと，ぜひ，自分や他人に対する興味・関心をもちながら，基礎（第Ⅰ章）と実践（第Ⅱ章）との両者を読み進めてください．
　加えて，本書では14事例を紹介しています．これらの事例は，複雑な人間関係の問題やこころの問題をより一般化したものです．したがって，皆さん自身が直面する問題とマッチする事例もあるかもしれません．本書で扱う理論や方法論に加え，事例を皆さん自身の問題に照らし合わせることができれば，問題解決に近づくことができるかもしれません．
　近年，こころの問題は多様化し，それを予防することや治療することが急務となっています．こころの健康を考え，豊かな生活を送ることをめざすとき，本書の内容が役立つことを願っています．
　そして，まず初めに皆さんに質問します．「あなたは健康ですか？」

2012年3月

山蔦　圭輔

# CONTENTS

## 第Ⅰ章 心理学的人間理解

**1 人間を理解する** ………………………………………… 2
　心理学の誕生と発展 …………………………………… 2
　心理学の一般性・客観性 ……………………………… 3
　こころの問題を扱う …………………………………… 8

**2 人間のとらえ方① 精神分析と無意識** ……………… 12
　こころをとらえる方法──「無意識」を知る ……… 12
　無意識の世界を知る方法 ……………………………… 14
　抑圧された嫌な体験の行方 …………………………… 16

**3 人間のとらえ方② 精神分析と防衛機制** …………… 20
　葛藤と欲求不満 ………………………………………… 20
　欲求不満と防衛機制 …………………………………… 23
　感情を向ける──投影，転移 ………………………… 26
　治療場面で生じる感情と人間理解 …………………… 29

**4 人間のとらえ方③ 行動から理解する** ……………… 34
　日常生活と条件づけ …………………………………… 34
　行動主義心理学と条件づけ …………………………… 35
　人間の客観的側面 ……………………………………… 38
　偶然の行動と条件づけ──オペラント条件づけ …… 39
　刺激→認知→行動の心理学 …………………………… 43

**5 人間のとらえ方④ 自己概念と自己イメージ** ……… 45
　自己とは何か …………………………………………… 45
　自己概念とは …………………………………………… 46
　青年期と自己イメージ ………………………………… 49

## 6 人間のとらえ方⑤ 人間とは何か················52
  人間性心理学················52
  人間性を方向づけるフィルター················54

## 7 人間のとらえ方⑥ 自分とは何者か——こうありたい自分················58
  フィルターとこころの袋················58
  高くなる理想と追いつきたい現実················62

## 8 コミュニケーションと他者の存在················65
  欲求と他者の存在················65
  他者を観察して自己を変える················68

## 9 他者の印象とコミュニケーション················72
  印象とコミュニケーション················72
  印象形成とは何か················73

## 10 メンタルヘルスとソーシャルサポート················79
  ソーシャルサポート················79
  ソーシャルサポートとストレス················80
  ソーシャルサポートと人間関係················84

## 11 コミュニケーションとリーダーシップ················87
  リーダーとは················87
  コミュニケーションネットワーク················91

# 第Ⅱ章 こころの問題を取り上げる

## 1 メンタルヘルスを考える① メンタルヘルスと人間関係················96
  健康と人間関係················96
  ものの見方とストレス················97

## 2 メンタルヘルスを考える② ストレスとは何か················103
  ストレスとは何者か················103
  環境からの有害な刺激················104

3 **メンタルヘルスを考える③ ストレスのメカニズムと
　ストレス・コーピング** ……………………………………………… 109
　　心理的メカニズム ………………………………………… 110
　　ストレスと個人差 ………………………………………… 111

4 **メンタルヘルスを考える④ 心身相関とリラクセーション** …… 114
　　こころと身体の緊張 ……………………………………… 114
　　自律訓練法 ………………………………………………… 117
　　漸進的筋弛緩法：筋肉の力は二度抜く ………………… 119

5 **対人支援と臨床心理学① 他者の立場に立つ** ………………… 123
　　あたかも自分のことであるかのように聴く …………… 123
　　誰かの世界を知ること …………………………………… 126

6 **対人支援と臨床心理学② 来談者中心療法** …………………… 131
　　カウンセリングとは何か ………………………………… 131
　　来談者中心療法とは ……………………………………… 133

7 **対人支援と臨床心理学③ 行動療法・認知行動療法** ………… 138
　　行動療法とは ……………………………………………… 138
　　認知行動療法とは ………………………………………… 141

8 **対人支援と臨床心理学④ うつ状態とうつ病** ………………… 147
　　気分の落ち込み──うつ状態とうつ病の違い ………… 147
　　うつはなぜ生じる？──自己注目 ……………………… 149
　　うつはなぜ生じる？──反芻 …………………………… 151

9 **職場のメンタルヘルス** ………………………………………… 155
　　職場におけるメンタルヘルスの実態 …………………… 156
　　こころの問題を引き起こす要因 ………………………… 158
　　職場におけるケア ………………………………………… 159

10 **健康保持・増進と健康教育** …………………………………… 165
　　健康保持・増進と予防 …………………………………… 165
　　健康保持・増進にかかわる理論 ………………………… 166

index …………………………………………………………………… 173

# 第Ⅰ章

# 心理学的人間理解

1 人間を理解する
2 人間のとらえ方① 精神分析と無意識
3 人間のとらえ方② 精神分析と防衛機制
4 人間のとらえ方③ 行動から理解する
5 人間のとらえ方④ 自己概念と自己イメージ
6 人間のとらえ方⑤ 人間とは何か
7 人間のとらえ方⑥ 自分とは何者か──こうありたい自分
8 コミュニケーションと他者の存在
9 他者の印象とコミュニケーション
10 メンタルヘルスとソーシャルサポート
11 コミュニケーションとリーダーシップ

# 1 人間を理解する

　人間を理解することをめざした学問は古くから存在し，現代社会においてもなお，さまざまなかたちで検討が続けられています．その代表ともいえる学問が心理学といえるでしょう．

　心理学を学ぶことで「即，誰かを理解する」ことは難しいと思いますが，心理学や心理学の近接領域で提唱される各種理論や方法論を知ることは，「誰かを理解する」ことや「誰かを支援する」ことの一助となります．そして，とくに医療や福祉をはじめとした対人支援を必須とする職業領域において，心理学周辺の知識は大いに役立つものです．

　ここでは，対人支援の基盤となる心理学について，その成り立ちを概観してみましょう．

## 心理学の誕生と発展

　心理学が誕生する以前から，人間理解を志向する学問としてあげられ

る代表格は哲学です．たとえば非常に有名な哲学者パスカル(Pascal, B., 1623〜1662)は，「人間は考える葦である」と記述しました．また，ロック(Locke, J., 1632〜1704)は，心のなかにタブラ・ラサ(白紙)を想定し，われわれ人間が，さまざまな体験をとおして人間らしさを身につけるのは，この白紙に，「さまざまな体験が書き込まれるためである」としています．

パスカルやロックなどの知見は，人間を理解する際に有益な情報を提供します．しかしながら，これらの知見は主観的なものです．個人の経験や知的側面を活かし，主観的に物事を理解し解釈することは非常に魅力的なことであり，主観的な考え方に基づく行動が成功をもたらすことも多々あります．

一方，「心理学は客観的科学である」ともいわれます．心理学では人間理解に際し，"主観"ではなく"客観"を重視しています．言い換えると，心理学は，一般性をもって人間を理解する学問(たとえば100人に共通する原理を導き出す学問)ということになります．

"こころ"の構造や心理的作用についての一般化された理論を知ることで，コミュニケーションを考える際に肝要となる自己理解や他者理解が促進される可能性が高まります．コミュニケーション場面で否定的感情に悩まされるなどといった状況に陥った場合，ストレスが生じるメカニズムを知り，その対処法を上手に選択することができれば，メンタルヘルスの保持・増進が期待できます．

したがって，人間の複雑さを簡単な言葉で終わらせず，本質的かつ実践的に扱ううえでも，心理学的な考え方や方法は非常に重要な役割を果たします．

## 心理学の一般性・客観性

心理学は客観的科学を志向する学問領域であり，心理学領域における研究では，一般性や客観性が確保されているものが数多く存在します．

一般性とは，"広く共通して結論づけることができること"で，客観性とは，"誰がみても同様の結果として認識可能であること"といえます．したがって，心理学領域で行われた研究がもたらす理論や方法論は（もちろん人間のこころが研究テーマであるがゆえ，すべてが正解とは言い切れませんが），大多数の人や環境に共通し，再現することができるものといえます．

## 客観的人間理解の始まり──心理学は何歳？

客観的な人間理解の初期段階では，精神物理学とよばれる分野で人間の感覚などについて研究が進められました．たとえばウェーバー（Weber, E. H., 1795～1878），フェヒナー（Fechner, G. T., 1801～1887）などは精神物理学の代表的研究者としてあげられます．

フェヒナーは物理学者でありながら，人間の心的状態と物理的現象とのかかわりを定式化（たとえば，皮膚になんらかの刺激を与えた場合，どの程度，その知覚を感じ取ることができるのかを検討）し，多くの知見を残しています．そして，精神物理学者たちの功績は，心理学の誕生にも大きく影響を与えることになります．

精神物理学が展開するなか，人間の感覚のみならず，こころを客観的な科学として取り扱う試みも始まります．1879年，ヴント（Wundt, W., 1832～1920）がドイツのライプチヒ大学に心理学実験室を設立し，ここでは人間の心理的側面を実験的に検討することが目的とされました．この年が心理学誕生の年といわれています．心理学は誕生からわずか130余年，数ある学問のなかでは歴史の浅い学問といえます．

## 客観的方法を用いて主観を理解する方法
### ──実験心理学，要素心理学

ヴントは，人間の心理を客観的科学として扱うために，内観法（たとえば自分の感情や思考を内省，言語化し，それを分析する方法）を用いて実験的に研究を進めました．

しかしながら，内観法は個人の内省に依存することから，ヴントの心理学は客観的科学にはなりえない，などといった批判を受けることとなります．

一方，ヴントに師事した研究者は多く，ホール（Hall, G. S., 1844～1924），性格研究分野で数多くの功績を残したキャッテル（Cattell, J. M., 1860～1944）やクレペリン（Krepelin, E., 1856～1926）などは，ヴントに師事したあと，母国米国に戻り独自の研究を展開しました．ホールは教育心理学領域，キャッテルやクレペリンは臨床心理学領域で現在も語り継がれる重要な功績を残しています．

そして，ドイツにおける心理学は，ヴントによる実験的な心理学（実験心理学，要素心理学などとよばれる）から始まり，ブレンターノ（Brentano, F., 1838～1917）を代表とする作用心理学やウェルトハイマー（Wertheimer, M., 1880～1943）を代表とするゲシュタルト心理学などに展開します．

## 要素から全体へ——作用心理学，ゲシュタルト心理学

ブレンターノは，ヴントの心理学を「要素主義的な心理学は物理学に近い」とし，本来的な心理学は，見ることや聞くことなど心理的な"作用"について検討するべきであることを主張しました．ここでは，個人的な経験のなかで生じる精神作用を扱うことを目的とした研究が行われました．

ヴントに代表される要素心理学は，ブレンターノのみならず多くの心理学者に批判を受けることになります．要素心理学を批判した研究者としてウェルトハイマー（Wertheimer, M., 1880～1943）やケーラー（Köhler, W., 1887～1967），コフカ（Koffka, W., 1887～1967）などがあげられます．

ここでは，要素心理学における"部分（要素）から全体（人間）"を考える方法を批判し，"全体（人間）のなかに部分（要素）が存在し，部分は全体に依拠する"と考え，全体をゲシュタルト（形態）とよび，ゲシュタル

ト心理学が展開されます.

　以上のように,ヴントの要素心理学は,人間を考える際,こまかな要素を検討することから「人間の一部分をみているにすぎない」といった批判を受け,その後,さまざまな心理学が誕生します.客観的科学を志向し,実験的検討が行われながら,批判を受け,多様に発展していくことは心理学のおもしろさかもしれません.

　以上の「精神物理学→要素心理学→作用心理学,ゲシュタルト心理学」といった流れは,主としてドイツにおける心理学の展開です.心理学の初期はドイツにおける検討が主流であったといえますが,米国においても心理学が発展していきます.

### 米国における心理学の展開──構成主義,機能主義

　ヴントの生理・物理学的観点からの心理学研究に多大な影響を受けた一人に,ティチェナー(Titchener, E. B., 1867～1927)がいました.ティチェナーはヴントのもとでドイツ心理学を学んだあと,母国米国で研究を続け,構成主義心理学を展開します.

　構成主義心理学では,人間の意識がどのような要素から構成されているか,意識の構造を分析するため,内観法を用い,個人の心的内容(意識を構成する要素)を抽出・分析することで,心的内容の結合を明らかにしました.ヴントの要素主義心理学と似た方法とも思えます.

　構成主義心理学では,たとえば水$H_2O$が$H$と$O$の元素から構成されるように,人間の心的内容についてもいくつかの元素で構成されると考え,各要素間の連合を検討することで人間理解を求めました.

　こうしたなか,本質的人間理解を行うためには,意識の構造のみならず,意識のはたらきを理解する必要があると考えた研究者を中心に,機能主義心理学が展開していきます.人間のこころのかたちを明瞭化することのみならず,こころのはたらき(環境へどう適応するかなど)について検討する必要があるといった考え方です.

　ここでは,ジェームズ(James, W., 1842～1910)を筆頭に,デューイ

(Dewey, J., 1859～1952)らが研究を進めました．ジェームズもヴントに影響を受けた一人で，デューイはジェームズに影響を受けながら，機能主義心理学を発展させた研究者です．

機能主義心理学では，反射を"知覚と運動"の関係で整理するなど，人間が環境に適応する際，意識と行動がどのように連関し，どのような機能が存在するかを研究の対象としました．そして，機能主義心理学における知見は，客観的科学としての心理学を追及した行動主義心理学に受け継がれることとなります．

## 行動は客観的である――行動主義心理学，新行動主義心理学

心理学の客観性を重視した学者の一人として，ワトソン(Watson, J. B., 1878～1958)がいます．ワトソンは，"人間の行動は客観的である"とし，行動主義心理学とよばれる心理学領域を世界中に広めることになります．

行動主義心理学には，"刺激により一定の行動が出現する"といった考え方があり，「刺激(stimulus)→反応(response)」と定式化されています．行動主義心理学の「刺激→反応」の考え方に則れば，ある刺激を与えた場合，万人が同じ反応を呈することになります．

こうしたなか，ワトソンに師事していたトールマン(Tolman, E. C., 1886～1959)やハル(Hull, C. L., 1884～1952)，スキナー(Skinner, B. F., 1904～1990)などは，「同一の刺激であれば，同一の反応が生じる」といったワトソンに代表される行動主義心理学の基本的考え方を，動物実験をとおして反証するに至ります．

ここでは，同様の刺激を与えたとしても，その刺激を受け取る生活体(organism)によって反応が異なることが明らかにされ，「刺激→生活体→反応」といった新しい定式を掲げます．この心理学は新行動主義心理学とよばれます．

行動主義心理学や新行動主義心理学の考え方を基礎に置く心理療法である，行動療法や認知行動療法が，人間の問題に対処する有力な方法と

して採用され，治療効果が認められています．

行動主義心理学が勢力を伸ばすなか，「刺激→反応」といった端的な考え方は，「人間性を失っている」といった批判を受けることになります．このような批判をした多くの学者は，独自の心理学領域を展開します．たとえば，以下であげる米国を中心に発展した人間性心理学は，日本のカウンセリングの世界にも大きな影響を与えています．

### "人間"を主眼におく心理学──人間性心理学

行動主義心理学や新行動主義心理学は，客観性を重視し，科学としての心理学を発展させるうえで重要な役割を果たしました．一方で，客観性を重視しすぎること，行動のみを扱うことなどから，"人間"の存在を失ってしまっているとの批判を受けることになります．こうした批判のなか，1960年代の米国では人間性心理学が誕生します．

人間性心理学は，人間の生への志向性を重視した心理学であり，人間が人間として生きる"生き方"を問う心理学ともいえます．1960年代の米国では，人種差別や男女差別などに対する問題意識が高まり，人間が人間として生きる権利を求めた時代であり，人間性心理学は，こうした文化に影響を受けているものと考えられます．

人間性心理学の中心的人物は，マズロー(Maslow, A. H., 1908〜1970)やロジャーズ(Rogers, C. R., 1902〜1987)であり，対人支援や教育を専門とする職業領域では欠かせない理論を提唱しています．たとえば，マズローの欲求5階層説は，われわれのワークキャリアやライフキャリアを考える際に有用な示唆を与え，ロジャーズの自己理論はこころの不適応を考える際には欠かせない考え方です．

## こころの問題を扱う

以上，紹介した各種心理学領域は，人間理解を求めた基礎的な心理学といえます．そして，こうした基礎的な心理学の知見を活かし，さまざ

まな対人支援法(心理療法など)が開発され，現代社会においても，重要な方法として扱われています．

一方，とくに人間のこころの問題をターゲットとした臨床心理学では，どのような考え方があり，どのように展開しているのでしょうか．ここでは，人間性心理学領域と精神分析の世界を簡潔に述べます．

## 人間性心理学と来談者中心療法

前述のとおり人間性心理学は，"人間の生への志向性を重視した心理学"です．

こころの問題を扱う際，有力な知識や理論，方法論を提供するものとして，ロジャーズの来談者中心療法があります．来談者中心療法は，悩みをかかえ不適応状態にあるクライエント(来談者)を支持的(指示ではなく支持する)に支援することを強調します．

そして"人間にはよくなる力が備わり，不適応の状態は，よくなる力が衰えている状態"と考え，クライエントの発話に傾聴し，支持し，共感することで，"よくなる力"の回復をお手伝いするといった姿勢で，こころの問題を扱います．

## 精神医学とこころの問題——精神分析

　心理学・臨床心理学領域のみならず，精神医学の世界でも，こころの問題を扱うことが重要なテーマであり，フロイト(Frued, S., 1856〜1939)は，数多くの臨床経験に基づき，人間のこころを理論化しました．ドイツにおける心理学誕生から米国での展開と時を同じくし，精神医学の世界において，こころの問題を支援・治療することや，問題の成り立ちについて検討されていました．

　フロイトを中心とする学問領域を精神分析学とよび，こころを意識，無意識，前意識の層に分けてとらえる考え方は，こころのメカニズムを考える際の代表的理論といえます．

　来談者中心療法や精神分析については，ここでは，こころの問題を扱う方法として紹介しました．もちろん各種心理的問題を支援する際，これらの理論や方法は必要不可欠ですが，こころの問題のみならず，人間を理解することや対人関係を理解するうえでも，これら理論は重要な意味をもちます．このことについては後述します．

＊

　ここでは，心理学の歴史的展開をダイジェスト的にまとめました．これ以外にも多くの学者や実践家が人間理解やメンタルヘルスの保持・増進，そしてコミュニケーションの円滑化などにかかわる理論や方法論を提供しています．すべてを完璧に熟知することはきわめて難しいことですが，そのなかでも自分自身で理解しやすい考え方を手に入れることで，他者との関係のとり方や支援のあり方に，少なからずよい変化が生じるかもしれません．

## こころはどこにあるのか？——目にみえないからおもしろい

　以前，イタリアの書店で店員さんに，「psychologyの本はどこですか？」と質問しました．発音が悪かったのか，店員さんに一度で理解してもらえず，胸の部分を指差し「psychology！」と伝えると，おもしろいことに店員さんは頭を指差し「psychology！　こっちだよ」と案

内してくれました．

　こころはどこにあるのでしょう．私は意図せずに胸の部分（ハート）を指差しましたが，"こころ＝頭"と考える国があることを実感しました．

　私たちが主観的に考えていることを，はたしてすべての人が同じように考えているのでしょうか．心理学の歴史で紹介したとおり，多くの領域で研究が進められ，批判を受け，さまざまな考え方が提唱されています．現代社会においても，「人間のこころはここだ！」といった共通した考え方があるわけではありません．したがって，心理学の理論や方法論を学んだからといって"すべてをわかった"と思うことは避けなくてはなりません．わからないからこそおもしろい，それが心理学です．

　心理学は，日常生活におけるわれわれの経験を助ける知識を提供する可能性があります．何か問題を感じた場合，主観的な経験に一般的・客観的な理論をつけ加えることができるのであれば，解決策は変わるかもしれません．

　私がイタリアの書店で，「psychology＝頭」というその文化の考え方を知っていたら，"心理学だからこころ，こころだから胸"といった主観がすこし変わり，店員さんと素早い意思疎通ができたかもしれません．

## 人間のとらえ方①
# 精神分析と無意識

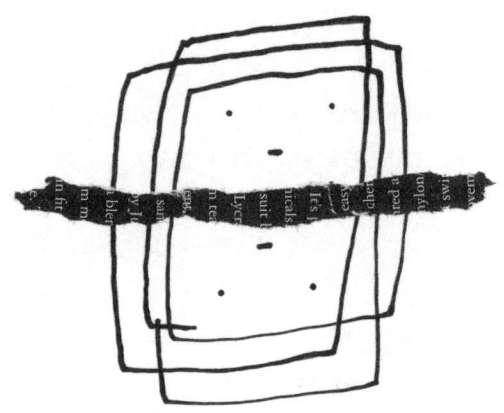

　他者のこころのみならず，自分のこころも正確に知ることは難しいものです．

　患者さんの気持ちを察し，よい支援をすることは医療の現場における課題であり，その風潮は近年，とくに強くなっているように感じます．そして私たちは，こころが"目にみえない"からこそ，懸命に知ろうとします．ここでは，"目にみえない"こころをとらえるための理論・方法である精神分析学を紹介します．

## こころをとらえる方法──「無意識」を知る

　こころをとらえることをめざすとき，精神分析学の創始者であるフロイトが示したさまざまな知見を学ぶことは必要不可欠です．

　フロイトは，自身の臨床経験に基づき，局所論，構造論，発達論を代表とする各種理論を提唱しています．

これらの理論は，批判を受けることがあるものの，現代に至るまで，多くの研究者によってさらに研究が進められ，まとめられてきました．また，現代の臨床場面では，精神分析の世界で提唱されたさまざまな理論に基づく療法（精神分析療法）として用いられることもあり，とくに精神医学の領域では重要視されます．

　精神分析，局所論，構造論，発達論などというと，いささか難しい感じを受けるかもしれません．さまざまな文献を読むと，確かに複雑さを感じることもあります．精神分析では，"無意識"といったこころの世界を扱います．この"無意識"こそ，精神分析が難しいと感じられる要因かもしれません．

　ここで一つ質問です．みなさんのこころに無意識は存在しますか？「無意識に○○をしてしまった！」といった言葉が用いられるように「無意識は存在する」と思う方も多いと思います．反対に存在しないと思う方もいるでしょう．存在する・しないといった議論はほかに譲るとして，ここでは，「無意識は存在するものだ」と考えてください．

　たとえばある患者さんが，あなたに対して嫌悪感をもっている（ように感じる）とします．なぜ，あなたは患者さんが"自分に対して嫌悪感をもつ"ように感じるのでしょうか．

　実際に，何か不仲になる理由があったとも考えられます．しかし，精神分析的な考え方をすると，①"嫌悪感をもっているのは患者さんではなく，実はあなたである"と理解できます．また，②"患者さんは，あなたに対して，どうしても冷たくあしらってしまうが，実はあなたのことを好意的に思っている"と理解することもできます．

　こうした考え方は，精神分析の領域で重要な概念である防衛機制に則ったものです．防衛機制については，第Ⅰ章「3 精神分析と防衛機制」（p.20）で詳しく紹介しますが，①②とも，無意識の世界が多分に影響を与える心理的なはたらきです（①は投影，②は反動形成とよばれる防衛機制の一例です）．

　いずれにしても，精神分析の世界で扱われる無意識を想定した"ここ

ろ"の理解を志すことは，誰かの支援をする際，支援対象者の理解につながりそうです．

### 局所論——こころを3層に分ける

局所論とは，こころを意識，前意識，無意識としてとらえる考え方です．

意識は，覚醒している状態で優位となり，日常生活（起きている状態）の体験は意識で認識されます．前意識とは，誤解を恐れずに例をあげるなら，寝ぼけたようなボーッとした状態といえます．また，無意識とは，覚醒状態では認識することができない意識状態を指し，特別な方法を用いることで知ることができます．特別な方法とは，催眠や夢分析，自由連想法とよばれる方法です．

〈意識，前意識，無意識〉
意識：覚醒状態で優位となる意識世界
前意識：意識と無意識の中間．覚醒もしていないが睡眠状態でもない．注意を向けることで認識できる可能性がある
無意識：覚醒状態では認識することができない意識世界．睡眠に類似した意識状態

## 無意識の世界を知る方法

精神分析の初期において，無意識の世界を知る方法は睡眠でした．これは，フロイトが，ヒステリーの治療に催眠を用いたシャルコー（Charcot, J. M., 1825〜1893）に師事したことに起因します．催眠によって誘導される意識状態（変性意識状態）は，前意識や無意識の世界にアクセスすることを容易にします．なお，嫌いなものが食べられるようになるなどのショー催眠は，心理療法で用いられる催眠とは別物です．心理療法で実施される催眠は，変性意識状態に誘導し，深い筋弛緩をもたら

す，いわばリラクセーション状態に誘導する方法です．

催眠を用いながら治療を進めたフロイトは，ある日患者さんの夢に，無意識の世界にある問題が映し出されることに気づきました．そこで，催眠を用いることなく患者さんの夢を理解することで，無意識の世界を知ることを試みました．これは夢分析とよばれるものです．

また，患者さんの言葉のなかに，無意識の世界にある問題が表現されることから，寝椅子に横になってもらい，自由に発話させる方法をとることもあります．これは，自由連想法とよばれています．

図1は，非常に有名なもので心的装置とよばれます．最上部の出っ張りは，意識を指します．外界からなんらかの刺激が与えられた場合，この出っ張り部分で，その刺激を認識します．

たとえばおいしいものを食べたとき，そのときの味や気分，お店の雰囲気や会話は，何度も思い出して楽しさを再体験したいものです．こうした快体験は意識世界にとどめ，覚醒している状態ではその体験を幾度も認識するように試みます．したがって「あのお店はよかったな」と振り返ることもできます．

一方，自分にとって避けたい，しかも強烈な嫌悪体験をした場合はど

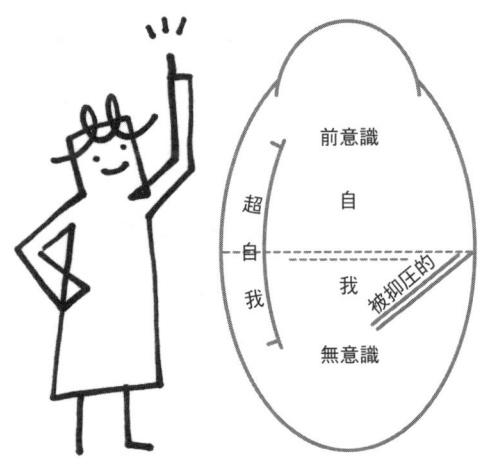

図1　フロイトの心的装置

うでしょう．この場合，意識世界にその嫌悪体験をとどめることは，非常につらいことになります．意識世界に嫌悪体験がとどまることで，覚醒状態ではその嫌な体験を何度も体験してしまう可能性があります．

　こころの安定を守るためにも，意識世界にある嫌悪体験に対処する必要があります．嫌な体験を意識世界から外へ放り出すこと（いわば，忘れること）ができればいいのですが，そうもいかず，覚醒状態では認識することができないよう，無意識の世界に押し込めて対処します．

　フロイトはこれを"抑圧"とよびました．抑圧は代表的な防衛機制です．なお，防衛機制はフロイトの娘であるアンナ・フロイト（Frued, A. 1895～1982）により整理された概念であり，抑圧をはじめ，精神分析の流れを継ぐ，さまざまな研究者によるものがまとめられています．

## 抑圧された嫌な体験の行方

　日常生活で遭遇する強烈な嫌悪体験は，局所論から考えると，無意識の世界に抑圧されることになります．無意識の世界に嫌悪体験を抑圧することで問題は解決するかといえば，残念ながらそうではありません．

　精神分析では，この抑圧された嫌悪体験こそが心理的不適応（心理的・行動的問題）を引き起こすと考えます．以下に，抑圧された嫌悪体験が心理・行動の問題を引き起こす例[1]をあげます．

**例**

> ある婦人は，自分の子どもを死なせたことにひどく責任を感じていた．ある日，赤ちゃん用の家具が並んでいるショーウィンドウをみつけ，そこに近づこうと歩くと，道に落ちている石につまずき，傷つき，強い痛みを味わった．
>
> 婦人はフロイトに，「私があんなぶざまなことをしたなんて，どうしてもわかりません．私は道に落ちている石をみつけ，転んではいけないとも思ったのです！ でも転んでしまった」．フロイトは尋ねた．「転ぶ前には，どのようなことを考えていましたか？ 子どもの玩具，家具が並べてあったショーウィンドウに近づく前は」．婦人はつらそうに答えた．「もちろん，子どものことです．いま生きていたら……と」．そして，また，子どもを死なせてしまった責任を重く感じはじめた．
>
> 婦人に対してフロイトは，「あなたがつまずいたことは，決して偶然ではないのです．あなたは自分自身を責め，自分に罰を与えようとしたのです」と伝えた．

以上は，ある婦人が認めがたいものの，認めて責任を感じるしかない"わが子の死"という現実を無意識の世界に抑圧し，その結果，無意識的に自分を罰するといった例です．この例を疑問視する声もありますが，精神分析的人間理解につながる考え方ともいえます．

### 構造論——こころのダイナミズム

構造論では，こころのなかに，エス（イド），エゴ（自我），スーパーエゴ（超自我）を想定しています．

エスは，本能的な欲求（現実では認められることは少ない）の充足を求める生得的なもので，なんらかの調整が必要となります．エゴは，感情や行動をコントロールし，エスを抑える役割を果たします．また，スーパーエゴは，良心や道徳などに従う，いわば道徳観を指します．

エス，エゴ，スーパーエゴは互いに関係しあい，エスのもつ欲求をス

ーパーエゴが抑え，そのあいだに挟まれたエゴは，エスとスーパーエゴとを上手に調整する役割を果たします．また，スーパーエゴは，エスがもつ世間に認められない欲求を，現実的な欲求へと上手に変換する役割も果たします．

### 発達論──欲求の充足と健康的な発達

　身体と同様にこころも発達します．フロイトは非常に特徴的なこころの発達理論を提唱しています．ここでは，発達の初期段階を口唇期とよびます．たとえば乳児では，お乳をもらうことが欲求を充足する手立てとなり，口唇期では，口と唇の欲求を充足する必要があると考えられています．

　次が肛門期です．この時期はトイレットトレーニングが必要となる時期で，おむつ離れの時期であると考えてください．ここでの欲求は，排泄物を"ためて出す"というものです．したがって，肛門付近の欲求を充足する必要があると考えられています．さらに，それ以降の発達も興味深い名称です(表1)．

　以上の発達期で対象となる欲求が満たされず，わだかまり(固着)が残る場合，健康的にこころが発達できず，さまざまな不適応がもたらされると考えられています．口唇期で欲求が満たされない場合，大人になっ

表1　精神分析における発達段階

| 時期 | 特徴 |
| --- | --- |
| 口唇期<br>(誕生〜1歳半ころ) | 唇を吸う，噛むなどといった行為に快感を覚える |
| 肛門期<br>(3〜4歳ころ) | 排泄物を体内にため込み，放出することに快感を覚える |
| 男根期〈エディプス期〉<br>(5〜8歳ころ) | 男根の有無が男女双方にとって，重要になる時期．子どもは異性の親に性的な関心を寄せるようになる |
| 潜在期(学童期) | 性の顕著な変動はみられない |
| 性器期<br>(思春期以降) | 小児性欲が，大人の性愛，性器愛によって統合される |

(小此木啓吾，馬場謙一編：フロイト精神分析入門．有斐閣新書，1977を参考に著者作成)

てから"ヘビースモーカー"になる，肛門期で欲求が満たされない場合，"倹約家(貯め込む)"になることなどが，例としてあげられます．

以前，ヘビースモーカーの友人数人に，「赤ちゃんのころ，乳離れはどうだった？」と尋ねたことがありますが，「知らない」と言われました．おそらく全員が口唇期の欲求を満たせなかったために，ヘビースモーカーになったわけではないと思います．真偽はわかりませんが，こころの発達を考え，われわれが発達する過程を深く考えるうえでは参考になる理論といえます．

＊

ここでは，フロイトを中心に展開し，現代においても重要な理論として取り上げられる精神分析について紹介しました．

まとめると，われわれのこころに無意識やエスやエゴなどのはたらきを想定し，日常生活におけるさまざまな体験を"処理"するメカニズムを表したものということになります．また，そのメカニズムを背景に，心理・行動的問題が生じることも示され，対人関係場面の問題についても，このメカニズムが大きくかかわることがあります．完全に理解することは困難ともいえる理論ですが，対人理解をめざすうえで，ぜひ知っておきたい理論です．

第Ⅰ章　心理学的人間理解

## 3 人間のとらえ方②
# 精神分析と防衛機制

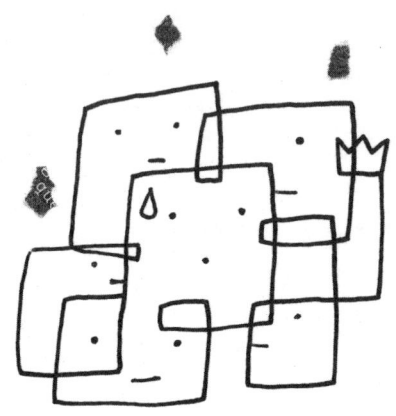

　「どれを選択しようか？」「どれもできない！」などは，誰もが経験することです．日々，葛藤し成長することも確かですが，欲求不満に耐えながら生活することは苦痛を伴うため，対処する必要があります．この対処法として，「防衛機制」があります．防衛機制とは，意図せずに用いられる"こころの安定を確保する"機能といえます．

　ここでは，とくに防衛機制と密接に関係する葛藤や欲求不満にふれ，防衛機制としてあげられている合理化・投影について紹介します．

## 葛藤と欲求不満

　さまざまな欲求や選択肢がある日常生活において，他者や自分自身を考える際，防衛機制といった観点から考えると，新たな発見や理解を得ることができます．また，複雑で大きな心配事をかかえる患者さんの言動について，葛藤や欲求不満，防衛機制といった観点からみると，その

患者さんのさらなる理解につながります．

## どれを選択しようか悩む──葛藤

　葛藤（conflict）は，一般的に使用される用語ですが，心理学辞典[1]では「複数の相互排他の要求（欲求）が同じ強度をもって同時に存在し，どの要求に応じた行動をとるかの選択ができずにいる状態」と定義づけられています．

　葛藤は，いくつかの欲求を同時にもったとき，どの欲求を満たせばよいかを選ぶことができず，悩んでしまう状態といえます．そして，葛藤状態が続く場合（すなわち，どの欲求も満たせない状態が続くと），欲求不満（frustration）に陥ることもあります．

## 葛藤は分類される

　葛藤はいくつかに分類することができます．この分類は，ある事象に"近寄りたい"（自分にとって好ましい事象）か"回避したい"（自分にとって嫌悪的な事象）かの組み合わせによって表現されます．

　以下に葛藤の分類を示します[2]．いずれも日常生活で直面する葛藤といえます．

### ■接近-接近の葛藤

　接近-接近の葛藤とは，2つ以上の好ましい条件のうち，どれを選んでいいか，選択が難しいといった葛藤です．たとえば就職先A，Bの両者とも好ましく，どちらを選ぼうか選択に悩むなどといった例があげられます．両者とも好ましい条件であるため，葛藤のなかでは比較的ポジティブな意味合いを含有します．ポジティブといっても，葛藤状態にある本人にとっては究極の選択ともいえ，悩みの種となることもあります．

### ■回避-回避の葛藤

　回避-回避の葛藤とは，2つ以上の避けたい条件で生じる葛藤です．どの条件も自分にとっては避けたい（好ましくない）にもかかわらず，そ

第Ⅰ章　心理学的人間理解

のいずれかを選択することを迫られる場合に生じます．たとえば，"病気を悪化させたくないが，手術は受けたくない"といった状況の場合，"病気の悪化"と"手術"は，自分にとって避けたい条件であり，どちらを選択するか悩むというようなことが例としてあげられます．

■ 接近-回避の葛藤

接近-回避の葛藤は，一方の条件は好ましく，他方の条件は避けたいといった状況で生じる葛藤です．たとえば，"上司に気に入られたいが，そうすることで同僚との関係が気まずくなる"といった状況の場合，"上司の高評価"は近寄りたい条件，"同僚との関係不和"は避けたい条件であり，どちらを選択するか悩むなどが例としてあげられます．

■ 二重接近-回避の葛藤

二重接近-回避の葛藤は，近寄りたい条件と避けたい条件が二重に含まれる葛藤状態です．たとえば，"ある治療を受けると完治する可能性が高いが価格が高い"，"ある治療は価格は安いが，完治する可能性は低い"という2条件がある場合，"治療"（完治に接近したい，完治しないことは回避したい）と"価格"（高額な治療費は回避したい，安価には接近したい）のあいだで葛藤する状態が例としてあげられます．

＊

以上，例としてあげましたが，現実生活で生じる葛藤は，それほど単純なものではありません．生活環境や対人関係，社会・経済的状態により，どの条件に接近（または回避）するか，選択に苦慮することもあります．

病をかかえ，心身ともに疲弊している患者さんをみると，何を選択すればよいか判断が難しい状態にあり，選択を迫られることで，一層疲弊してしまうことも想像できます．

患者さんの困難（葛藤）を無視せずに取り上げ，サポートすることは，われわれ医療に携わる人間がとりうる役割ではないでしょうか．

### 思うようにいかない！――欲求不満

　前述のように，葛藤状態が続くことで，欲求不満に陥ることもあります．欲求不満はストレスの原因ともなり，過剰かつ長期にわたり欲求不満をかかえることで，心身の健康度を低下させる可能性もあります．それでは，欲求不満に対処する方法には，どのようなものがあるでしょう．

　いちばんわかりやすい欲求不満の解消方法は，"欲求を充足すること"でしょう．たとえばお腹が空いているとき，「カレーパンにしようか，それともあんパンにしようか」と悩む場合（葛藤状態），いずれも売り切れなら空腹を満たすことはできません（欲求不満状態）．しかし，カレーパンを手に入れ食べることができれば欲求不満は解消されます．

　さて，「どちらのパンにしようか」などといった葛藤状態は，比較的解消が簡単な葛藤状態です．しかし，人間関係のなかで生じる葛藤状態は，パンを選択することほどうまく解消することができないものです．

　解消することが難しい葛藤状態で，欲求不満を解消する場合，どのような対処方法が考えられるでしょうか．極端な対処方法ですが，欲求を"捨ててしまう"方法を選択する可能性も考えられます．

　職場の人間関係で葛藤状態を生じ，欲求不満が生じてしまったとしましょう．たとえば「上司に自分のことを理解してほしいが，なんだか自分のことは理解してくれていない様子だ」などといった，ある種の欲求不満状態を解消するために，葛藤や欲求不満を生じさせる環境自体を自分から切り離す場合，離職という選択をすることも考えられます．

　もちろん離職の理由は欲求不満を解消することのみではなく，さまざまな要因がからんでいます．しかし，自分を悩ませる欲求不満も離職にかかわる重要な要因となります．

## 欲求不満と防衛機制

　欲求不満を解消するために，欲求を充足させることや，欲求そのもの

から回避する(欲求不満を生じさせる環境を避ける)対処法以外にも、さまざまな対処法があります。葛藤や欲求不満の状態に対処する方法は、防衛機制として整理された心理的機制(心のバランスを整える方法)のなかでも示されています。

たとえば、環境からの嫌悪的な刺激を無意識の世界に押し込めることで、その嫌悪的な刺激に対処することを"抑圧"とよびます。そして、抑圧を代表に、さまざまな心理的機制は防衛機制としてまとめられました。

葛藤状態・欲求不満状態では、防衛機制としてまとめられた心理的機制を無意図的に用い、対処する場合があります。以下は防衛機制の定義[3]です。

〈防衛機制〉
不安や抑うつ、罪悪感、恥などのような不快な感情の体験を弱めたり、避けることによって心理的な安定を保つために用いられるさまざまな心理的作用で、通常は意識して生じることはない。苦痛な感情を引き起こすような受け入れがたい観念や感情を受け流すために無意識的にとる心理過程を、フロイトが防衛という用語で1984年に初めて記述して以来、さまざまな種類の防衛機制が主として精神分析学者たちによって検討されてきた。なかでも抑圧は最も基本となる。(中略)防衛機制自体は誰にも認められる正常な心理的作用で、通常は単独ではなく他のものとともに関連しあいながら作用する。しかし、特定のものが常習的に柔軟性を欠いて用いられると、病的な症状や性格特性、人格構造となってさまざまな不適応状態として表面化することになる。(中略)病理の理解には、用いられる防衛機制の種類だけでなく、そのもとにある衝動や葛藤の強さ、自我機能の統合度、対象関係の質といった諸側面から吟味する必要がある。適応的な防衛はとくに対処機制(coping mechanisms)として検討されている。

## もっともらしい説明で対処する──合理化

防衛機制は、難しいものやよく似た内容のものなど多数存在します。ここでは、数ある防衛機制のなかで、合理化を紹介します。合理化とは、いわば、自分にとって合理的な説明を用いることで、葛藤状態や欲

求不満を回避することを指します．自分の行為や態度を，自分自身で受け入れられるような理由づけを行い，対処します．

イソップ童話の『すっぱいぶどう』という話に，キツネが登場します．ある日，キツネはおいしそうなぶどうが実っている木を見つけました．しかし，キツネは木登りができません．したがって，本当はぶどうを食べたいにもかかわらず，食べることができませんでした．

キツネにとってこの状態は，"ぶどうを食べる"（接近），"木に登る"（回避）といった接近-回避の葛藤状態であるといえます．このときキツネは，「あんなぶどう，すっぱいんだ！ だから別に食べたくなんてない！」と言い放ち，その場をあとにします．キツネは，解消することができない葛藤を，合理的な説明（「あんなぶどう，すっぱいから食べたくない」）で乗り越えました．この話は合理化を説明する際によく用いられるものです．

さて，合理的な説明は本当に合理的なのでしょうか．合理的なこともありますが，とくに他者からみると全く合理的ではない（ぶどうが甘いかすっぱいかは食べてみなくてはわからない）こともあります．

## "ことば"と「言い訳」

キツネにかかわらず人間でも，合理化を用い，葛藤や欲求不満によって不安定になったこころを調整することがあります．そして，合理化が

患者さんと治療者との関係を阻害してしまうことも想像できます．

たとえば，患者さんとの関係のなかで，患者さんの"ことば"に翻弄されてしまう場合，ともすれば，その"ことば"を「言い訳」ととらえてしまいかねません．もし「言い訳」ととらえてしまうのであれば，責めたくなくても思わず責めてしまうこともあるでしょう．

患者さんの「言い訳」の背景には，はかりしれない不安や葛藤が存在していると考えられます．病気の大きさにかかわらず，現在やこれからの生活を送るうえで，自身の状態，家庭や仕事，経済的状態などの事柄は，葛藤や欲求不満を引き起こす源泉となります．

しかし，これらを解消することは容易ではありません．自身の状態にしても家庭や仕事にしても，そう簡単に割り切ることはできず，葛藤をかかえながら欲求不満に対処していかなくてはなりません．

患者さんが，われわれが望む治療を何かの"ことば"で断ろうとしたとき，それは「言い訳」ではなく，患者さんの合理化なのかもしれません．

治療関係が阻害されていると感じるとき，いったん立ち止まり，患者さんの葛藤や欲求不満の状態を観察することで，その後の治療関係は，よりいっそう深いものとなることが期待できます．

「したい」「できない」「どうすればいいかわからない」などといった気持ちをいだき，対処する体験は，われわれのこころを成長させるエネルギーです．一方で，こうした気持ちや対処がわれわれを悩ませるという事実もとらえていかなくてはなりません．

## 感情を向ける──投影，転移

対人関係場面において他者にさまざまな感情をもつように，他者もわれわれに対してさまざまな感情をもちます．こうしたなか，自分がもつ感情を"相手がもつもの"としてとらえることを「投影」とよびます．一方，"特定の誰かに対する感情"が私たちに向かうことを「転移」と

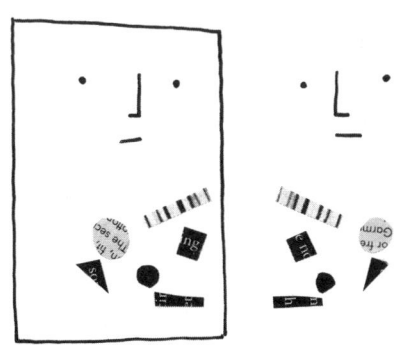

よびます．また，転移が生じている際に向けられる感情のことを「転移感情」とよびます．

このように説明すると，難しい感じを受けるかもしれませんが，たとえば，あなたが，お父さんに嫌悪的な感情（お父さんが大嫌い）をもっていたとしましょう．そのとき，本来，あなたがもつ"お父さんが大嫌い"といった感情を，お父さんが"私のことを嫌っている"ととらえ，対処することが「投影」の例といえます．また「転移」は，たとえば，お父さんに向けるべき"嫌悪的な感情"をお父さんと似ているような他者（ここではAさんとします）に向けることで対処することといえます．

もちろん，あなたは，お父さん≠Aさんであることは十分承知しているのですが，知らず知らずのうちに，Aさんのことを嫌いに思ってしまう．このようなことはないでしょうか．

お父さんともAさんとも豊かなコミュニケーションを築くことができれば，その後の生活は多少なりとも変化することでしょう．しかし，"私のことを嫌っている"と認識してしまうことや，思わず"嫌悪的な感情"を向けてしまうことで，コミュニケーションを築くことが阻害されてしまう場合もあります．

日常生活において，特定の誰かに対して表出することができない感情をそのまま抑え込み，もちつづけることは苦しく，心理的にどうにかして対処しようとします．そして，投影や転移をはじめとした防衛機制を

用いることで、こころのバランスを保とうと奮闘します。

しかし、お父さんにしてもAさんにしても、あなたから向けられる嫌悪的な感情を理解することができない場合、「なぜ自分を嫌い、避けるのだろう……」などと理由がわからないまま、あなたとの距離を縮めることもできずに、思案にくれてしまうこともあるかもしれません。

## 自分を相手に映し出す

投影は、相手が自分の鏡となっていると考えるとわかりやすいでしょう。投影は、『受け入れがたい感情や衝動、観念を自分から排除して、他の人や物に位置づけること。"疑心暗鬼"という場合などのように、正常な心理過程でもみられるが、より病理の重い場合に現実吟味能力（現実と非現実を区別してとらえる能力）の低下を伴ってしばしば生じる』[4]と定義づけられます。

"疑心暗鬼"といった状態は、日常生活においても経験するものです。ここでは、他者がもっている本質的な想いについて、注意深い観察が必要です。相手はそれほどあなたのことを否定的に感じていないことは案外あるものです。

## 他者に向ける感情

転移は、精神分析の世界では、治療者と患者さんとの関係を読み解く際に重要な情報を提供するものと位置づけられています。そして、転移は、いくつかの種類に分けることができます。

大きく分けると、「転移」と「逆転移」です。「転移」とは、患者さんから治療者に対して感情が向けられることを指し、「逆転移」とは、反対に治療者から患者さんに対して感情が向けられることを指します。いいか悪いかは別として治療者も人間です。患者さんに対してさまざまな感情を向けることもあります。

さらに分類すると、陽性と陰性に分けることができます。列挙すれば、陽性転移、陰性転移、陽性（の）逆転移、陰性（の）逆転移の4パター

ンとなります。陽性は肯定的で好意的な感情、陰性は否定的で拒否的な感情です。陽性の場合が愛、陰性の場合が憎しみというとわかりやすいでしょうか。

　前述のとおり、精神分析の世界では、とくに治療者と患者さんとの転移を扱います。そして、治療場面では転移がどのように、また、なぜ生じているのかを治療者が詳細に検討しながら、患者さんにうまくフィードバックしていきます。そうすることで、患者さんの洞察を深めるといったプロセスが肝要であるとされています。こうした治療プロセスは、精神分析学を十分に修め、経験を積んだ治療者が実施してこそ有効な方法となります。

　しかし、治療場面のみならず、日常場面の対人関係をはじめ、患者さんと接するときなどに「患者さんの感情や自分自身の感情は、前にあげた4パターンにあてはめると、どのようなパターンになるだろうか」などを考えてみることで、他者理解や自己理解が促進されることが期待できます。

## 治療場面で生じる感情と人間理解

　治療場面で患者さんのニーズに応えることは、治療者・支援者にとっての責務であり、医療現場において求められます。

　「患者さんのことをよく知りましょう。行動だけでなく、その人の内面までもしっかりみてください」

　これは私も講義中によく使う文言です。誰に言われなくても、私たちは支援をする対象者のことをよく知ることが重要であることを承知しています。知りたいことは、"どのようによく知るか、どのようによくみるか"ということです。

　"どのように"の部分が最も難しく、その手段も多岐にわたります。こうしたなかで、投影や転移など、防衛機制の概念を知り、治療関係を理解するための材料とすることができるのであれば、"どのように"の

一端が理解できるように思えます．
　以前，看護師を対象に「仕事をしているなかでの困りごと」に関して尋ねたことがあります．そのなかで掲載の許可をもらうことができた一例を紹介し，投影と転移の観点から読み解いてみましょう．みなさんはこうした状態に陥ったとき，どのように対処するのでしょうか．

### 怒るBさん

　Bさんは，臨地実習で看護学生を初めて指導することになった看護師です．看護学生の"ふがいなさ"に怒りをもつと同時に，あきらめにも似た感情をもっているそうです．
　「こんな態度で今後，大丈夫かしら⁉」と心配する一方で，「なんで私が言ったことを理解できないの！」といった苛立ちを隠せません．まさに，"両手に不満をかかえている様子"と形容することができます．両手の不満を手放すことができれば，よい意味で，もっと楽に接することもできるのでしょう．しかし，なかなか手放すことができません．そして，Bさんにとってはもっと重大な困りごと，「うまく指導することができない」「自分は嫌われている」が生じています．

　自分と同じプロセスを歩む後輩をみると，「なんでもっとうまくでき

ないの！」と感じることがあるものです．看護現場でキャリアを積んでいる場合，なおさら後輩たちの"ふがいなさ"を感じることがあるかもしれません．Bさんの場合は，実習中の看護学生との関係に悩んでいる状況ですが，同僚との関係でも，同様の状況が生じることがあります．

## うまく指導することができない

　Bさんは，行わなければならない指導は行っています．「学生をうまく指導することができない」とは，言い換えれば，"うまくコミュニケーションをとることができない"といったことになるでしょう．定められた指導ができれば，それにこしたことはありませんが，人間関係を円滑に築くことができれば，よりよい指導につながることは明白です．せっかく指導しても，「うまくできない」と感じるBさんの心中は穏やかではないはずです．

### ■Bさんの投影

　Bさんの「こんな態度で今後，大丈夫かしら!?」「なんで私が言ったことを理解できないの！」を投影の視点から読み解いてみると，「私は学生に対してこんな態度で大丈夫なのだろうか……」「私の指導で理解できているのだろうか……」といった，Bさん自身に対する心配が背景に存在すると考えることができます．

　Bさん自身の感情（心配事）が学生に投影され，「学生の態度が悪い」「私のことを理解してくれない」と感じるようになっていることが推測できます．そして，こうした学生に対する否定的感情が積み重なることで，「うまく指導することができない」「学生は自分のことを嫌っている」といった，最も重大な心配ごとに至ると考えられます．しかし，学生は本当にBさんに対する態度が悪く，理解不足なのかといえば，真相はわかりません．

　学生も実習の重要性や価値を認識しています．しかし，実習では緊張します．"態度の悪さは緊張の現れ"，ともとらえることができますし，学生が"理解しようとがんばっている姿"は，Bさんにとって"理解で

第Ⅰ章　心理学的人間理解

きていない姿"として映る可能性もあります.

真相は何か,それは,現実に問題に直面している人にしかわからないことです.事実,態度が悪く,理解不足の学生もいます.しかし,Bさんが,自身の感情を学生に投影しているのであれば,その感情を受けとめ整理することで,学生の理解の手がかりとなるのではないでしょうか.

■Bさんの逆転移

Bさんの状況を,逆転移の観点から読み解いてみましょう.

Bさんが,学生時代に怖い指導者に喝を入れられたといった経験＝否定的な出来事に遭遇したことがあると仮定します.ここでは,過去に"否定的な出来事"を体験したBさんは,潜在的に過去の自分を"だめな学生""だめな自分"と根強く認識しているかもしれません.

"だめだ"という自分に向かう感情を,現在指導している学生に向けているとすれば,もちろん治療者と患者との関係ではありませんが,指導者を治療者,学生を患者と仮定した場合,それは学生に対する陰性の逆転移ととらえることができるでしょう.

さまざまな教育に携わるうえで,確実にカリキュラムを遂行することは必要です.そして,ときには自身の失敗経験も教材として有効活用することができます.こういった意味では,Bさんの過去の経験は貴重な

ものとなります.

　しかし，過去における感情を整理することなく，現在の学生に向けてしまうのであれば，学生にとってBさんは"根拠なき厳しい指導者"にほかなりません．"根拠なき厳しさ"は，学生の主体性を奪い，ともすれば，一層の緊張感を喚起し，態度の悪さ(硬さ)を生んでしまうとも考えられます．悪循環です．

　Bさんが求める，"できる"というレベルに追いつくことができる学生は少なく，Bさんは，指導する立場から責める立場に変わってしまっているようにも感じます．繰り返しになりますが，事実として学生が否定的な感情を喚起せざるをえない態度をとっていることもあり，Bさんの問題といった観点だけで考えることはできません．現実と感情との両者を整理することで，指導の方法も多様になるように思えます．

　防衛機制として整理された投影や転移は，対人関係場面において向けられる感情について言及されたものです．ここで紹介した例が，投影や転移を説明するよい例か否かには疑問が残りますが，治療関係のみならず，日常生活における対人関係を投影や転移といった観点から考えることで，他者理解・自己理解の幅が広がることが期待できます．

## 4
人間のとらえ方③
# 行動から理解する

　こころを理解するための理論は数え切れないほど存在します．ここでは，行動から人間を理解しようとした行動主義心理学を紹介します．行動主義心理学は，客観的科学を強く志向しています．また，行動主義心理学の考え方をベースとした効果的な心理療法（第Ⅱ章「7 行動療法・認知行動療法」，p.138参照）も存在します．

## 日常生活と条件づけ

　私はビールを好んで飲みます．ところが先日飲み過ぎて，翌日にひどい腹痛と嘔吐が……．二日酔いと思いきや風邪でした．
　ビールを好んで飲むことは，"ビール（刺激）→飲む（行動）"の図式として示される刺激と行動の関係です．自分にとって，好ましい刺激である場合，その刺激に接近することは容易に想像がつきます．
　さて，"ビール→飲む"の図式が出来上がっているとき，同時に生じ

た腹痛と嘔吐は，"ビール→飲む"の図式には直接は関係していません．しかし，いつものようにビールを飲んだ翌日，ひどい腹痛と嘔吐．これらは，私にとって避けたい刺激(嫌悪刺激)といえます．したがって，ここでは，"ビール→飲む"の図式と嫌悪刺激が対提示された状態といえます(ある図式とともに，ある刺激が提示されることを対提示とよびます)．

ビールという，私が接近行動を示す刺激と，腹痛や嘔吐など嫌悪刺激が対提示された場合，"ビール→飲む"の図式が書き換えられることがあります．ここでは，不思議なことに，"ビール→避ける"という新たな図式が成立することになります．その後，なんとなくビールは避けたい気持ちがあり，ほかのものを飲むようになりました．

このように，いままで決まって生じていた行動ができなくなってしまうことを日常生活で体験する機会があります．そして，こうした"図式が書き換えられること"は条件づけや学習などとよばれます．以下は，条件づけを証明した非常に有名な実験です．

## 行動主義心理学と条件づけ

条件づけについて，実験的に証明した研究は，現代の心理学に大きな影響を与えています．条件づけは，"ある刺激を提示されることにより，人間が行動を学習する"ことと考えてください．前述のとおり，私も腹痛・嘔吐という嫌悪刺激を受け取り，ビールを回避するといった行動を学習しました．

人間の心理について，刺激と行動との関連といった立場から検討を進めた分野を行動主義心理学とよびます．行動主義心理学は，ワトソンが中心となって展開したもので，ワトソンは，「ある刺激が与えられると，決まってある行動が発現する」という行動理論を提唱し，人間を客観的にとらえるため，さまざまな実験を行いました．

行動理論を中心に据えた行動主義心理学では，環境からの刺激を用い

て，"ある人の刺激と行動とのつながりを理解すること""刺激を用いて，ある人の行動を形成すること"がテーマとなります．

一例としてアルバート坊やの実験(図2)を紹介します[1]．この実験は，ワトソンの主張である行動理論を説明するものです．

①では，アルバート坊やは白ウサギに興味を示します．②では，白ウサギより小さい(しかし似ている)白ネズミと一緒に金棒の音(アルバート坊やにとって恐怖な刺激)を対提示します．③では，当初興味を示す存在であった白ウサギに対して恐怖反応(回避行動)を呈するようになります．また，④では，ウサギでもネズミでもないサンタクロースのような白い髭や白衣にまでも恐怖反応(回避行動)を示すようになりました．

アルバート坊やにとって，白ウサギは当初，接近行動を引き起こす刺激でした．ここでは，"白ウサギ→接近"といった図式が出来上がっています．その後，白ウサギとよく似た白ネズミと恐怖刺激とを一緒に体験することで，最終的には，白ウサギは回避すべき刺激に変化しています．ここでは，"白ウサギ→回避"といった新しい図式が出来上がっています．また，白ウサギや白ネズミとよく似た白い髭や白衣も回避すべ

図2　アルバート坊やの実験

き刺激となってしまっています．

　以上のように，刺激→行動という当初の図式が，別の刺激によって対提示されることで別の図式が生じる．そのプロセスが条件づけです．また，似たような刺激に対しても行動が生じること（たとえば，白ネズミだけではなく，白ウサギや白い髭，白衣などに対して回避行動が生じること）を「般化」とよびます．

　冒頭に述べたとおり，"ビール→飲む"から"ビール→避ける"に私の図式は書き換えられました．ここで，もし，般化が生じれば，アルバート坊やが白い髭や白衣を避けるように，私もビール以外のアルコールやビールに似た黄色い飲み物も回避することになります．しかし，残念ながら般化は生じず，いまではビール以外のものを飲んでいます．

　人間の行動がすべて条件づけられているわけではありません．しかし日常生活を見返してみると，ワトソンの提唱した行動理論に基づく条件づけにあてはまることもよくあるものです．風邪が回復してからは，ビールを以前のように飲んでも問題はないはずですが，"なんとなく"ビールを避けてしまいます．"なんとなく"の行動は，条件づけの結果として生じている行動なのかもしれません．

## なぜ行動を扱う必要があるのか

　現代に至るまで，行動主義心理学の考え方は，人間理解を促進する重要な考え方として引き継がれています．人間の"こころ"を扱う領域の代表は心理学です．

　第Ⅰ章「1 人間を理解する」（p.2）で紹介したとおり，いまから約130年前，心理学は客観的科学性を帯びた学問として誕生しました．心理学を客観的科学として進めるために，ドイツのヴントは，実験的方法を用いて人間のこころを理解することに励みました．ここでは，人間の主観的部分を分析することが目的となります．たとえば，いま感じている感情や思考を内省し（これを内観法とよびます），表現してもらい，それを分析する方法がとられています（要素心理学）．

いま一度，実線部分を読んでみてください．"感情や思考を内省"し表現する，つまり，人間の主観的部分を実験的に扱う方法を用いているといえます．もちろん自己や他者を理解し，コミュニケーションの円滑化をはかるには，主観的部分を扱うことは必要不可欠です．そして，ヴントの取り組みはドイツのみならず米国をはじめ世界に広がり，心理学の客観的科学としての位置づけを明確化したことも事実です．

しかしながら，「いくら実験的方法を用いて分析したとしても，主観を扱っているかぎり，客観的科学とは言い切れない」と批判されることになってしまいます．

それでは，人間の最も客観的な部分とは何でしょうか．

## 人間の客観的側面

人間の最も客観的な側面は行動です．たとえば手をあげた人を数人がみれば，"手をあげていること"を共通に理解することができます．コミュニケーション場面を研究する際，その場面に存在する人の行動をビデオカメラなどで記録し，データ化して検討することもあります．このように，心理学において，行動を取り上げることは客観性を確保するうえでも必要不可欠です．

ヴントの構成主義心理学を批判し，行動を取り上げた心理学(行動主義心理学)を展開した人物が，前述したワトソンです．ワトソンの考え方は，非常にシンプルでわかりやすく，端的な人間理解の方法を提供しています．

以上のように，行動主義の考え方は，極端に表現するなら「同様の刺激を受けた場合，その全員が同様の行動を呈する」といえます．人間を端的に理解し，問題行動を修正する際には，行動主義的な考え方は役に立ちます．しかし，ある環境に属する人間が全員同じ行動を呈することはないように，人間の行動は多様です．

# 偶然の行動と条件づけ──オペラント条件づけ

　私には2人の娘がいます．2人とも生後8か月くらいのとき，私が近づくと自分の頬を私の頬に近づける行動をとるようになりました．これは偶然起こった出来事（偶然の自発的な行動）です．私はうれしくなり娘が喜ぶように，ものすごくほめたことを記憶しています（ほめられることは娘にとっての報酬です）．

　その後，数か月のあいだ，娘は私が近づくと自分の頬を私の頬に近づける行動を欠かさずとるようになりました．これは，偶然の自発的な行動が報酬を得ることで"学習された行動"に変化した状態です．残念ながら，ずいぶん大きくなった娘たちは学習された行動として，いつも自然と自分の頬を私に近づけることがなくなりました．

　このような例は，先に紹介した行動理論（p.34参照）の考え方を用いて理解することもできます．しかし，行動理論と異なる点は，前提にある行動が，"偶然に自発している"という点です．そして，その自発的な行動に対して報酬を受けることで，行動は持続される，すなわち条件づけ（学習）されることになります．こうした学習をオペラント条件づけとよびます．

　オペラントとは「自発的な」という意味で，オペラント条件づけは，

自発的な行動に対して，その本人にとって好ましい刺激（報酬）を提示することで，その行動を，必然的な行動に変容させるという条件づけです．われわれの生活を振り返ると，オペラント条件づけを経て学習された行動が多数存在します．

### 公園で空き缶をごみ箱に捨てる子どもの例

ある子どもが，公園に捨てられている空き缶に気づき，ごみ箱に空き缶を捨てました．その行動を目撃した大人が，ご褒美にあめ玉をその子どもに渡しました．そうすると，空き缶を拾ってごみ箱に捨てる行動を続けるようになりました．

空き缶をごみ箱に捨てるといった行動は自発的かつ偶然の行動です．あめ玉が子どもにとって報酬となり，空き缶捨て行動が学習されます．ここで注目すべきことは，ごみ箱に捨てるものは瓶やポテトチップスの袋ではなく"空き缶"に限定されるという点です．

空き缶をごみ箱に捨てる行動について報酬を受けているので，"空き缶をごみ箱に捨てること＝報酬を得ることができる行動"という図式が出来上がっています．

### 他のものも捨てる!?

ごみ箱に捨てるものは"空き缶"です．しかし，空き缶だけに固執してごみ捨てを行うわけでもありません．あるとき，空き缶に似たものを捨てるようになることもあります（これを般化とよびます）．そして，瓶やポテトチップスの袋を捨てるようになることもあります．また，空き缶以外のものを捨てた場合でも，あめ玉などの報酬を渡すことで，ごみ箱に捨てる行動はより強く発現することが期待できます．

ごみ捨て行動は，一般的によい行動です．したがって，持続することは望ましいことですが，こうした条件づけが悩ましい行動を持続する可能性もあります．

## オペラント条件づけの悩ましさ

　友人との関係を想像してください．その日，あなたの気分はとてもハイで，怖いものなしの状態だったとしましょう．そこで，自分の意見を必要以上に主張したとします(友人の意見を聞かず，すべてが自分の手中に収まっているような感覚です)．ここでの主張は，自発的で偶然の行動です．

　こうしたなか，友人はあなたに無理に合わせています(あなたを自分勝手な人だと感じながら合わせている状況です)．しかし，あなたは，<u>「友人は自分の言っていることに合わせている(自分は正しい！)」</u>と認識しています．実線部分の認識はあなたにとって報酬となり，あなたの強すぎる主張は持続され，友人との関係を破綻に追い込んでしまうかもしれません．

　以上のように，自分が偶然行っている行動と合わせて，"自分にとって報酬となる認識"が存在した場合，そこで持続される行動は，コミュニケーションを阻害するものにもなりかねません．

## 学習は続く!?

　時が経つにつれ，娘たちの頬ずりは私以外に対しても生じる行動になりました．そして，最近は学習された結果としての自然な頬ずりをしてくれません．ここで疑問が生じます．頬ずりは学習されたはずなのに，なぜいつも生じないのでしょうか．

　行動と合わせて報酬を受けることができない場合，学習された行動の出現率が低下し消えることがあります．これを消去とよびます．ごみ捨て行動でも頬ずりでも，その行動に追従して報酬を得ることができなければ，行動の生起率は低下します．頬ずりをしたときにほめられるなど，娘にとってうれしい出来事がなければ頬ずりをする行動は消えてしまいます．

　しかしながら，報酬がない場合その行動は必ず消え去ってしまうかというと，そう単純でもなく，報酬がない場合でも学習された行動は持続

されます．それは人間の内的な動機づけや期待が報酬になる場合です．

## 内発的動機づけと行動

　行動理論の観点から心理学研究が続けられるなか，刺激がただちに行動に影響するのではなく，刺激をどのように受け取るかによって行動が変容するといった考え方が，スタンダードとなりました．

　たとえば，子どもがごみ捨てを行い，ごみを捨てる行動に"満足感"を得ている場合は，その"満足感"といった内的な報酬（内発的動機づけ）によって行動が持続されることが期待できます．

　一方，娘の頬ずり行動に関していえば，「頬ずりをするよりも，ぬいぐるみと遊んでいるほうが楽しい」といった認識をするのなら，ぬいぐるみと遊ぶ行動を選択するでしょう．また，「パパのおひげは痛いから頬ずりしたくない」と思っているのであれば，頬ずりはしてくれなくなります．

＊

　講義中によく「ギャンブルをしますか？」という質問をします．なかにはハマッている学生がいます．ギャンブルはなぜやめられないのでしょうか．ギャンブルにハマり，アルバイト代をギャンブルに費やす学生もいます．

　ギャンブルという行動が持続されている状態ですが，共通することは，一度でもギャンブルで報酬を得た経験があるということです．その報酬を得たという成功体験は内発的動機づけとなり，「次こそは！」といった"期待"を生みます．この"期待"が報酬となり，ギャンブルから抜け出せなくなると考えられます．

　満足感や期待は，学習された行動を持続する，報酬となる内的な要因です．とくに人間の場合，内的な要因が報酬となって持続される行動が数多くあります．また，否定的意味合いを含む「○○したくない」といった欲求も内的な要因であり，回避する行動を持続させます．

　いずれにしても，満足感や期待のような，行動を維持する要因は，あ

る個人が自分の置かれた環境をどのように認知するのか（刺激をどのように受け取るのか）に依存します．

## 刺激→認知→行動の心理学

　同様の刺激が提示された場合でも，その刺激をどのように認知するかにより，出現する行動は変わります．「おひげは痛い」という場合でも，認知のしかたにより接近するか回避するかに違いが生じます．頬がかゆい場合に，"痛いひげ＝頬のかゆみを抑える道具"と認知すれば，頬ずり行動は促進されることになります．

　自分自身にとってあまりいいとは思えない人間関係が存在するのであれば，波線部分が認知です．われわれのコミュニケーションの問題は，そのコミュニケーション場面をどのように認知しているのかに依存するといえます．

　"あまりいいとは思えない"などといったいま現在の認知には，過去の経験が影響している場合があります．以下で紹介するCさんもまた，過去の経験の認知に現在の自分が支配されて悩んでいます．

> **Cさんの恐怖**
>
> 　Cさんは，職場で心拍数が上がり，"死んでしまうような"気がして怖くなり，どうがんばっても出勤できず，退職するかどうかで悩んでいるそうです．初めて恐怖に陥ったときの状況を尋ねました．
> 　ある昼過ぎ，仕事で失敗し，その結果，胸が締めつけられる苦しい体験をしたそうです．苦しさについて注意深く尋ねると，動悸や息切れを感じ，胃部に不快感もあったとのことです．そして，苦しさに耐えながらなんとか1日を過ごしたそうです．

　誰しも自分にとって大事なこと（たとえば仕事など）で失敗すると，心拍数が上がり，紅潮し汗が噴き出すことがあると思います．このような身体的・心理的反応はいわば当然の反応です．こうしたなか，Cさんは

心拍数の増大に気づき「自分は死んでしまうのではないか」と認知しています．

実際に"死んでしまうこと"はなくても，"死んでしまうこと"を身近に感じることで相当な恐怖が喚起されることは予測できます．そして，恐怖を回避する（職場を避ける）状態に陥っています．ここでは，"心拍数の増大（刺激）→自分は死んでしまう（認知）→職場を避ける（行動）"といった図式が成立しています．"自分は死んでしまう"という認知は，職場を避けるという行動を引き起こす内発的動機となっています．

心理的・行動的問題に関与する際，"刺激→行動"や"刺激→認知→行動"の図式で完全に問題を把握することはできません．そこでは，カウンセリングや心理療法を適用することになるでしょうし，医学的処置（投薬など）も必要不可欠です．

こうしたなか，Cさんの例を"刺激→認知→行動"の図式から考えた場合，適用する心理療法として認知行動療法があります．認知行動療法については，第Ⅱ章「7 行動療法・認知行動療法」（p.138）で紹介しますが，認知が行動を引き起こすのであれば，他者を本質的に理解するうえで，個人的な"認知"を軽視することはできません．

## 5 人間のとらえ方④
# 自己概念と自己イメージ

## 自己とは何か

　円滑なコミュニケーションを築くためには，他者理解と自己理解が欠かせません．また，他者を理解することや自己を理解する姿勢は，コミュニケーションに大きく影響を与えるでしょう．ここでは，とくに"自己とは何か"について考え，自己理解を深める方法を探りましょう．

　医療の現場では，患者を理解し，よりよい関係を築き，みなさんの専門性を発揮することが求められています．他者とよい関係を築くうえでは他者を本質的に理解することが必要となります．また，他者を理解することで，よりよいコミュニケーションを築きあげる可能性が広がります．

　それでは，よいコミュニケーションを築くうえで必要なことは他者を理解することだけでよいのでしょうか．コミュニケーションは他者を理解することと"他者に自分の情報を伝え理解を得ること"を繰り返す関

係です．したがって，他者を理解することと同様に，自己を理解し，他者に自分を上手に伝えることも重要となります．

できるかぎり自分自身の考えや感情などを整理し把握することが，自己を理解するための方法の一つといえます．

# 自己概念とは

ここで質問です．あなたは何者ですか？

「自分とは何者か」と改めて考えるとき，自己に関する考え方を知ることには大きな意義があります．ここでは，自己概念の意味を知り，自己について考えてみましょう．

自己概念の意味を知ることは，自己理解のみならず他者を理解する際にも重要な役割を果たします．以下に自己概念の定義[1]を示します．

> 〈自己概念(self-concept)〉
> 自己概念とは，自己に関する特徴を第三者的視点から客観的に把握し，それらの特徴を包括して認識することで得られる自己イメージである．自己に関する特徴とは，属性(名前や所属など)，内面(性格や感情など)，外見(容姿や振る舞いなど)などを指す．自己概念は「自分は何者か」という問いに対しての答えとなりうるものであり，自己評価の結果のみならず，他者評価や環境などといった社会からの影響も多大に受け，形成される．

上記をまとめると，自己概念とは「さまざまな環境で認識される自身のさまざまな特徴(情報)のまとまり」といえます．多岐にわたる自己の特徴(情報)を認識し整理したうえでまとめたものを自己概念と考えてください．

## 自己概念に含まれる情報

多岐にわたる自己の情報のなか，"氏名"や"出身地"など，他者からも容易に知ることができる情報は，自身でも容易かつ比較的的確に把

握することが可能です．しかし，自己の内面に関する情報，たとえば"感情"や"性格"などは他者からは完全に知ることができない情報であり，自身にとっても的確に把握することが難しい場合があります．

「自分とは何者か」を問いかけ，自己イメージを形成する過程では自己の内面に関する情報を知ることが鍵となります．

しかしながら，意識や思考，感情などの自己の内面に関する情報は，環境によって，大きくも小さくも，そのつど変化します．したがって「自分とは何者か」を知ることが難しいと感じられることがあるのです．

## 環境に依存する自己イメージ

大学の講義で「あなたのなかには何人の自分がいますか？」といった質問をすることがあります．「1人」と回答する学生，神妙な面持ちで「3人くらい……です」と回答する学生などさまざまです．みなさんのなかには何人の自分が存在するでしょう．

もちろん，われわれは各々が個性をもった唯一無二の人間です．しかしながら，日常で遭遇する社会は1つではなく，そこで形成される自己イメージも多種多様です．

職場や家庭，趣味の場など他者と交流する環境はさまざまで，職場では看護師の〇〇さん，家庭では〇〇ちゃん……というように立場や果たす役割も異なり，おそらくみなさんの意識や考え方にも少なからず違いがあると思います．そして，あらゆる環境で自己の情報を収集し，多くの自己イメージをもつことになるでしょう．

## 本当の自分ではない自分

こうしたなか，あなたが，ある環境において"違和感がある自分"を感じ(違和感がある自己イメージを形成し)，「この自分は本当の自分ではない」と感じる場合，それを変える必要があるのでしょうか．

ここでは，"違和感がある自分"に直面する看護学生Dさんの例をみてみましょう．

第Ⅰ章　心理学的人間理解　47

### 看護学生Dさんの例

　Dさんは成績もよく友人との関係も非常によいと感じています．しかし，「学校での自分は本当の自分ではない」と訴えます．「本当の自分は怠け者で，人と話すことも得意ではない，でも本当の自分をみんなの前で出してしまうと自分が自分ではなくなってしまう気がします」と真剣に語ります．

　Dさんはこれまでの環境で形成した自己イメージと1日の大半を過ごす学校における自己イメージとのあいだに相違を感じ，"自分とは何者か"を必死に探っている状態なのかもしれません．

　現実はどうでしょうか．自分自身の意識や感情，振る舞いに違和感や疑問をもちながらも，よいコミュニケーションが形成され，物事もうまく進んでいるようです．しかし，現実の自分と自己イメージが一致せず思い悩んでいます．

　思い悩むことは豊かな自己イメージを形成する際に重要となります．しかし，自分のなかで折り合いをつけることができない状態が続くと，精神的健康が低下してしまう可能性もあります．こうしたことは，ロジャーズの自己理論（第Ⅰ章「7 自分とは何者か——こうありたい自分」，p.61の図3参照）によっても示されています．

　「"いつもと違う自分"も自分の一部だ，これも自分でよい！」と上手に自己イメージのなかに取り込むことができれば，違和感のあった"いつもと違う自分"が"本当の自分"の一部となることが期待できます．一方で，現実の生活がうまくいっていない感覚がある場合には，いまもっている自己イメージをより現実に近いかたちに修正する必要もあるでしょう．

　いずれにしても，自己イメージを形成する過程では，現実と自己に関する情報をみつめることが大切で，そこでは自己の情報を整理し把握するために自らの内面を省みる機会をもつことが必要です．

　いろいろな自分がいて，その自分がよい方向へ進むことができるので

あれば，自信をもって受け入れ，よい方向へ進むことができない実感がある場合には，自己を振り返り，修正を繰り返すことが重要です．よい自分，悪い自分を発見し思い悩み，理解し，受け入れることは難しいことかもしれませんが，さまざまな自分が"豊かな人間"をつくりあげていくのかもしれません．

## 青年期と自己イメージ

われわれは，さまざまな環境における経験や体験をとおして学び，考え，繰り返し自己イメージを形成しています．

人間の心理社会的発達を検討したエリクソン(Erickson, E. H., 1902～1994)は，発達段階ごとに"乗り越える必要がある課題"と"乗り越えられない場合に直面する危機"を整理しています(**表2**)[2]．

これらの発達段階における課題と危機のなかで，青年期に注目してください．青年期に該当する年齢は，研究者により異なります．ここでは10代後半～20代半ばまでを青年期と考えてみましょう．こうした青年期の発達課題は"自我同一性(アイデンティティ)の確立"，危機は"自我同一性の拡散(アイデンティティ・クライシス)"です．

自我同一性は，社会的環境のなかで自身の位置づけを理解し，肯定的な自己イメージを形成した結果，確立されます[3]．こうしたなか，前述

**表2 発達段階の課題と危機**

| 時期 | 課題 | 危機 |
|---|---|---|
| I．乳児期 | 信頼 | 不信 |
| II．早期児童期(幼児期) | 自律性 | 恥，疑惑 |
| III．遊技期(幼児前期) | 積極性 | 罪悪感 |
| IV．学齢期(学童期) | 生産性 | 劣等感 |
| V．青年期 | 自我同一性の確立 | 自我同一性の拡散 |
| VI．初期成人期(成人前期) | 親密さ | 孤立 |
| VII．成人期 | 生殖性 | 自己吸収 |
| VIII．成熟期(老年期) | 完全性 | 絶望 |

のとおり，多様な社会的環境で自身の情報を的確に収集し，理解することは困難です．

また，とくに青年期は自身を取り巻く環境が多様化するなかで，ライフスタイルを見直し，未来に向かって準備する時期です．経済的にも心理的にも"ひとりの大人"として独立し，キャリアプランを考え，職業生活への適応が求められるなど，これまでの環境とは質的にも量的にも大きく異なる人生の分岐点といえます．

多様化する環境で，「自分は何者か」といった疑問に直面し，自己イメージが不明瞭となってしまうことは，青年期の特徴とも考えられます．不確実な未来に向かい新たな環境で自己イメージを形成することは，困難を伴うことなのかもしれません．

ここで，「自分とは何者か」を探すことに奮闘するEさんの例をあげます．アイデンティティの確立と拡散の観点から考えてみましょう．

### Eさんの例

> Eさんは卒後間もない看護師です．学生時代は非常に"よくできる"タイプで，周囲からの評価も高かったそうです．就職後しばらくして「努力しようと思っても，やる気が出ない．いつも不安」などと訴えています．
>
> Eさんは自分が希望する道を進んできました．しかし，現場に出てから自分が進んできた道や将来についてさまざまな疑問をもち，現在の生活における自己を模索している様子です．

学生時代は周囲も自分の評価も高く，"できている自分"といった肯定的な自己イメージを形成し，将来に向かい精力的な毎日を送っていました．そして，現在，学生時代に得た知識や技術を思い描いた理想の場で活かそうとがんばっています．

しかしながら，学生時代に習得した知識・技術を臨床の場で即実践することは簡単なことではなく，自分の能力を疑い，これまでに形成された自己イメージはもろくも崩れてしまっている様子です．リアリティシ

ョック[4]の状態であるとも考えられます．

　このように，ある環境における自分のイメージを失ってしまい，改めて「自分とは何者か」という問いに直面することが，われわれの身近でも起こりうることなのです．

　新しい環境で瞬時に自己イメージを大幅に修正し，新たな自己イメージを形成することは難しいことかもしれませんが，体験や経験は積み重ねることができます．そして体験や経験をとおして，自己に関する情報を収集し，新たに自己イメージを形成することで，より現実的で豊かな自己イメージを形成することができるでしょう．

　さまざまな環境で，自身の情報をできるかぎり収集し，整理しながら，現実とすり合わせ，自己イメージに取り入れることは豊かな自己の確立，アイデンティティの確立につながるのではないでしょうか．

## 6 人間のとらえ方⑤
# 人間とは何か

　1960年代の米国で，そもそも"人間とは何か"について改めて問いかける人間性心理学が誕生しました．この領域は，人間の心理的不適応を考えるときや他者を支援する際のみならず，自分自身や他者を理解する際に役立つ考え方です．ここでは，人間性心理学における自己のとらえ方について紹介します．

## 人間性心理学

　精神分析の世界では，人間の不適応を解決するため，無意識の世界に抑圧された各種問題にかかわりをもちます．また，行動主義心理学では，ある環境における刺激により行動が形成されている（学習されている）と考え，問題行動を解決するためには，環境からの刺激をコントロールする必要があると考えます．
　こうしたなか，1960年代の米国では，「人間は生来的に生きることや，

成長，自己実現を志向する」という"人間性を重視"した考え方を背景においた人間性心理学が広く浸透しはじめます．これは，"人間が人間らしく生きること"を重視した米国の時代的背景に依存するもので，"人間性を重視"した考え方は，わが国においても，現代社会における人間理解の方法やコミュニケーション，カウンセリングの方法に大きく影響を与えています．

## 人間は自ら成長する力をもつ

人間性心理学を語るうえで欠かせない人物として，ロジャーズがいます．ロジャーズは，自己理論や他者を理解する姿勢や方法について考察した人物であり，「来談者中心療法」とよばれる心理療法を提唱しました．来談者中心療法は，精神分析や行動主義とは異なる理念のもとで行われるものであり，わが国におけるカウンセリングや対象理解の鍵となるものです．

ロジャーズは，心理的に不適応な状態に陥っている場合，心理的安定を導くうえで，その個人がもつ"よくなる力"を最大限引き出すことが重要であると考えています．そして，"よくなる力"を最大限引き出すためには，個人の内面を十分に知る必要があるとしています．心理的不適応のみならず，より健康的な生活を送るために，また，他者とよりよい関係を築くために，自分自身の内面や他者の内面を十分に知る必要があるでしょう．

ロジャーズが提唱した数ある考え方のなかで，ここでは，個人の人間性を方向づける"現象的場"と個人の主観的基準である"内的準拠枠"について紹介します．

## 「私」とはいったい何なのでしょう

精神分析では，意識・前意識・無意識を想定し，行動主義では学習というキーワードを示しているように，それぞれの人間観が存在します．ロジャーズは「人間性は各個人がもつ現象的場に影響を受ける」という人

間観をもっています.

　現象的場とは，生まれてからいまに至るまでのさまざまな経験など，個人にかかわる多様な情報が詰め込まれている場所と考えてください.

　そして，われわれが「自分とは何者か」という問いについて答えを出すとき，現象的場に詰まっている情報を取り出し，それらの情報をまとめて，「自分とは何者か」を認識します．したがって，現象的場から"否定的な情報"のみを取り出し，"自分"を認識した場合，その"自分"は否定的なものとなってしまうのです．

　私の現象的場には，"おそらく"たくさんの情報が詰まっています（現象的場にある情報は，本人であってもすべてを認識することは難しいという意味から"おそらく"と表現しました）．生まれてから数十年の経験は，何かの拍子に認識することができても，すべてを知ることは至難の業です．自己概念に似たものです（第Ⅰ章「5　自己概念と自己イメージ」，p.45参照）．

　さて，私が「あなたは誰ですか？」と尋ねられた場合，私の現象的場を探ります．そこで，たとえば"男，たまねぎが好物"という情報をまとめると，「私はたまねぎ好きの男」という自分に対するイメージをもつことになります．一方，"男，セロリが嫌い"という情報をまとめると「セロリが嫌いな男」ということになります．

　このように多々ある自分に関する情報のなかから取捨選択し，それらをまとめあげたものが"自分"であり，われわれを方向づける要因となります．また，他者の人間性を知ろうとするとき，その人が自分の現象的場からどのような情報をまとめあげているのかをじっくりとみる必要があります．

## 人間性を方向づけるフィルター

　現象的場には，環境からのさまざまな情報が単純に投入されるわけではありません．環境からの情報は，内的準拠枠とよばれる"主観的・個人

的基準"(フィルターのようなもの)をとおして現象的場に投入されます．

　たまねぎを食べるという経験をした際，私は自身のフィルターをとおし，"おいしい"と判断したため，現象的場には"たまねぎが好物"という情報が入ります．しかし，ある人のフィルターをとおして"まずい"と判断されれば，その人の現象的場には"たまねぎは苦手"という情報が入ります．

　同様の環境で，同様の人間関係を経験したとしても，人によりその感じ方が異なる理由の一つに，このフィルターの違いがあることが考えられます．自分のフィルターをとおし，ある経験が自分にとって"苦手な経験"と判断された場合，現象的場には"○○が苦手"という情報が投入されることになります．

　すべての情報がポジティブである人のほうが少ないとは思いますが，自分にかかわる情報の多くがネガティブであり，またそのなかのいくつかのネガティブな情報をまとめ，自分に対するイメージをもっている場合，その人はいま生活している環境で，「自分は何をしてもダメだ」などといった苦しさをもち合わせていることが想像できます．

### フィルターはどのようにつくられる？

　それでは，個人の主観的なフィルター(内的準拠枠)はどのようにつくりあげられるのでしょうか．

　個人の主観的なフィルターは，幼少期に受ける養育者のしつけや養育者の態度によって，その基盤が形成されると考えられます．産まれて間もない時期，これといった個人の主観的な基準があるかといえば，それ

ほど明確にはもっていないでしょう．

　主観的な基準をもつためには，モデルが必要です．そのモデルは，すでに明確な基準をもった大人であることが多く，とくに心理的にも身体的にも密接な関係にある養育者（母親であることが多いかもしれません）をモデルとすることが多いといえます．また，成長の過程では，先生などの周囲の大人（先生など）との関係が広がります．こうした大人とふれあうことで，多様な影響を受け，自身のフィルターをより豊かなものにつくりあげていきます．

　そして，幼少期のみならず大人になった場合でも，上司や同僚，友人などとの関係のなかで，フィルターは深みを増します．

### フィルターに悩むFさん

　　Fさんは，職場の人間関係に悩みをかかえている中堅看護師です．Fさんいわく，「上司は横暴で私の考え方を否定してばかり……」「私の考え方は卑屈なんです．母もそうだった……」だそうです．

　　ゆっくりと話を聴くなかで，上司との関係から家族関係，とくに母親とFさんとの関係に話が及びます．Fさんの問題に関与するうえで，母親との関係はFさんのテーマであると感じ，まずはFさんが感じている母親のイメージに言及してもらい，その内容を整理しました．その後，Fさんの現象的場を確認するべくカウンセリングを行いました．

## 変化したフィルター

　カウンセリング場面で「自分がこんなふうに考えるのは親のせいだ」といった訴えを聴くことがあります．個人の主観的なフィルターを“ものの見方・考え方"とするのであれば，養育者が，その“ものの見方・考え方"に大きく影響を与えたことはまぎれもない事実です．しかし，フィルターのすべてを養育者がつくりあげるわけではありません．養育者を含めた多様な人間関係をとおして自分自身がフィルターをつくっているのです．養育者を責めることはできません．

Fさんは，母親を"卑屈"と感じています．そして，その"卑屈"なところは自分と一緒だそうです．詳細なカウンセリングの内容は割愛しますが，Fさんと母親のなかには不思議な関係が出来上がっています．母親＝卑屈＝人間関係の悪化→母親＝人間関係の悪化という関係です．Fさんは，いちばんの困りごとである人間関係の悪化は，「母親が原因だ」と考えている様子です．

　カウンセリングを続けているとFさんは，母親への不平不満をぶちまける一方で，母親に対する申し訳なさ，自分の不甲斐なさ，母親に対する愛情などを，少しずつですが水が湧き出るように打ち明けてくれました．そして，私はその気持ちを水を両手ですくうように汲み取りながら，Fさんの母親への気持ちや感情を整理しフィードバックしました．

　カウンセラーである私は話を十分に聴き，それを返しつづけました．こうしたなかでFさんにいくつかの気づきが生まれました．その気づきのなかには，「職場の人間関係の悪さは母親のせいではない」「母親のことは嫌いではない」というものがありました．カウンセリング以前にも，もしかするとこのことに気づいていたのかもしれませんが，どこにもやりようがない人間関係の苦しさの理由を母親に理由づけをし，その場を切り抜けてきたのかもしれません．このプロセスでは，Fさんのフィルターがすこし変化したように感じます．

　そして，職場の人間関係はというと，「やっぱり上司は嫌」なのだそうです．しかしFさんは，「横暴な上司にしているのは私かもしれませんね……」と私に伝えてくれました．Fさんの上司が横暴か否か，実際を知らない私には判断できません．しかし，仮に横暴であったとしても，Fさんの現象的場に投入される"上司との関係にかかわる情報"はこれまでとは違ったものになるように思えます．

　現象的場も内的準拠枠も目に見えない仮説構成体です．しかし，カウンセリングの最中に現象的場も内的準拠枠も確実にあるように感じることがあります．自分や他者を知ろうとするとき，目にはみえない現象的場やフィルターがあると想像してみると新たな発見があるでしょう．

## 7 人間のとらえ方⑥
# 自分とは何者か──
# こうありたい自分

　現実の自分と理想とする自分，みなさんはどの程度一致しているのでしょうか．自分や他人を理解し，豊かな人間関係を築き，メンタルヘルスの保持・増進をめざすとき，その人の多様な人間性をより深く理解する必要があります．ここでは，ロジャーズによる自己理論を紹介します．

## フィルターとこころの袋

　前項では，人間性心理学領域で多くの知見を残したロジャーズの代表的な考え方を紹介しました．ロジャーズの考え方のなかで，内的準拠枠や現象的場は人間理解を深める際には欠かせないものです．
　振り返りになりますが，内的準拠枠は環境を主観的に認識するフィルターであり，現象的場は「あなたは何者ですか？」といった問いかけの答えとなる情報を含んだ場(情報が蓄積されている，こころの袋と考え

てください)です.

　日常生活では，さまざまな環境に遭遇します．そして，それらの環境で数多くの経験をとおして，自分にまつわる情報を獲得することができます．自分にまつわる情報は，直接自分のこころにある袋(現象的場)に蓄積されるわけではなく，フィルター(内的準拠枠)をとおして，よくも悪くも柔軟に変化しながら蓄積されます．したがって，自分にまつわる情報は個人がもつフィルターに依存するといえます．

　たとえば，「上司と"うまく"やることは，仕事上必要不可欠なことである」というフィルターをもっている場合，"うまく"できたのであれば，こころの袋のなかには，自分に関するポジティブな情報が投入されます．一方，「上司と"うまく"やることは，同僚の手前，望ましくないことである」というフィルターをもっている場合，たとえ"うまく"できたとしても，こころの袋のなかには，比較的ネガティブな自分に関する情報が投入されることになります．

　いずれにしても，複雑な自分や他人を本質的に理解するためには，個人がもつ主観的なフィルターをじっくりと観察しながら，こころの袋に入っている情報を整理することが必要不可欠となります．

## こころの袋に入っている情報

　こころの袋には，数多くの自分にまつわる情報が蓄積されています．こうした情報は，目でみることは難しいものですが，大きく客観的情報と主観的情報の2つに分けることができます．それらの内容については，第Ⅰ章「5 自己概念と自己イメージ」(p.45)の説明で詳しく紹介していますが，こころの袋は，自己概念と類似するものと考えてください．

　「あなたは誰ですか？」という問いを出された場合，こころの袋に蓄積された自己の客観的情報・主観的情報のなかから，一部の情報をまとめ，「私は○○という名前で，△△という性格です」などといった一応の答えをつくり出します．

　他者を理解するときにも，その人がもつ客観的情報・主観的情報をで

きるかぎり知る必要があります．そして，とくにその人の主観的情報を知ることは，本質的な他者理解につながります．しかし，他者の主観的情報を知ることは容易ではありません．「他者理解は大切ですよ」という言葉はさまざまな領域で繰り返し伝えられる言葉です．こころの袋の観点からいえば，本質的な他者理解とは，他者がもつ主観的情報をより深く把握することといえます．

　他者の主観的側面を把握することと同様に，自分の主観的側面についても正確に把握することは容易ではありません．とくに，冷静さを失ってしまうようなストレスフルな環境下では，自分の感情や思考を整理することも難しく，主観的情報を把握できない状態（自分が何者かわからない状態）に陥ってしまうことも想像できます．

　ストレスフルな環境下であるからこそ，いったん立ちどまり，自分自身の感情や思考を冷静に整理することで，自分の主観的情報はとらえやすくなり，正当な自己理解が促進される可能性が広がります．

## あなたは「ひとり」ですか？

　客観的情報でも主観的情報でも，自分にまつわる情報のいくつかをまとめあげて，ひとりの自分というイメージをつくります．それでは，「あなたは何者ですか？」といった問いかけに対する答えは1つなのでしょうか．

　あなたはひとりなのでしょうか？

　妙な質問と感じるかもしれませんが，たとえば職場における環境をみてみましょう．

　職場では各人に課された役割があります．そして，そこでは，膨大な情報が含まれているこころの袋を探り，職場という環境で求められる役割になるべく合致した自分のイメージをつくり上げています．

　環境になるべく合致した自分のイメージをつくりあげる作業は，職場環境のみならず，友人との関係や家族との関係のなかでも行われます．

　職場というフォーマルな環境における自分の役割と仕事以外のインフ

ォーマルな環境における自分の役割は異なります．したがって，各環境下でこころの袋からピックアップされる自分も，共通項はあるにせよ，多少は異なります．こうしたことから，自分とはある種，環境に依存するものであるといえます．

"自分"は環境により多様に変化するもの，変化してよいものであり，決してひとりではありません．

## 一致と不一致と安定性

自分はひとりではなく，共通項はあれど，複数存在します．ここでは現実の体験と理想的な自分（以下，理想）という観点から考えてみましょう．現実の体験とは"「いま，ここ」における現実の自分（現実に体験している自分）"，理想とは"こうありたい自分"を意味します．また，現実の体験と理想との一致度が心理的安定・不安定に影響するといった考え方を自己理論とよびます．自己理論もまた，ロジャーズにより提唱された重要な概念です．なお，厳密には，理想は，自己構造とよばれます．

理想は，こころの袋に蓄積された客観的情報・主観的情報から構成されている自分であり，図3の左側のように，現実的な体験と理想的な自分との一致度が低い場合，心理的には不安定な状態にあると考えます．また，右側のように両者の一致度が高い場合（自己一致の状態），心理的には安定した状態にあるとされています．

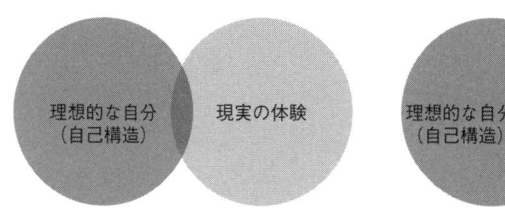

一致度 低：心理的不安定状態　　一致度 高：心理的安定状態

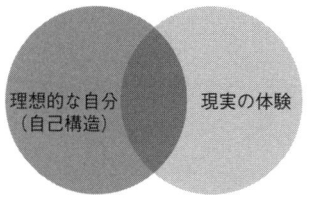

(Rogers, C. R.[伊東　博編訳]：パースナリティ理論．ロージァズ全集第8巻，p.149，岩崎学術出版社，1967を著者が一部改変)

**図3　ロジャーズの自己理論**

ごく簡単に理解すると、心理的に最も安定した状態は、現実と理想とが完全に一致している状態ということになります。しかし、残念ながら現実と理想とが完全に一致することはなかなかありません。

## 高くなる理想と追いつきたい現実

自分が掲げた目標を実現するためにがんばり、「目標を達成することができた！」という実感を得ることができれば、自尊感情（自分には価値があるという感覚）や自己効力感（自分の行為を自分自身でコントロールできている感覚、外部からの要請に応えうるという実感）が高まります。

自己一致状態では、自尊感情や自己効力感が高まり、心理的な安定感を得ることができます。

なんらかの成功体験は、自己一致状態を導く要因になります。しかし、ある目標を達成する（現実の体験と理想とが一致する）と、さらなる高い目標を掲げる（新たな理想が生まれる）ことはよくあることです。

あるときに理想と現実の体験が一致し、自尊感情や自己効力感が高まったとしても、次の瞬間、新たな理想自己（高い目標）が生じることで、現実自己との一致度は低くなります。そして、高い目標を達成することができれば、さらに高い目標を掲げアクションを起こす……。これは際

限なく繰り返されることのように感じます．

　がんばることへの充実感やつらさを感じながらも，一つひとつの達成感を噛みしめ，一致度が高い経験を重ねることは自己成長を促します．

## 「こうあらねばならない」自分

　もしあなた自身が，現実の体験と理想とのあいだに不一致を感じた場合，とくに理想はどのようなものなのか，注意深く観察する必要があるでしょう．理想が"やる気"を高め，くじけそうになりながらも努力するエネルギーとなっている場合は，心理的に健康な状態といえます．一方，理想が誇大的で肥大している場合(現実的な目標とは程遠く，あまりにも非現実的な理想である場合)は，理想自己をいま一度整理する必要があるでしょう．

　私は毎年講義の場などをとおして，総勢1,000人近い人々と出会います．正直なところ，「全員に高く評価されたらいいのに」と感じることがありますが，毎年出会う方々全員に受け入れられ，好かれることは現実的に不可能です．

　こうしたなか，私が「他者から受け入れられる人間であるべきだ」といった理想をもち，「他者から評価されることがなければ価値がない」といった認識をもつとしましょう．

　万人に受け入れられ好かれることは，現実的に不可能であるにもかかわらず，全員に好かれようと振る舞うのなら，非現実的な目標(理想)に追いつこうと躍起になっている状態といえます．そして，現実の体験と理想との一致度はもちろん高まることもなく，心理的に不安定な状態をかかえながら苦しい毎日を過ごすことになるかもしれません．

　本当に「私は他者から受け入れられる人間であるべき」なのでしょうか．もちろん多くの人に受け入れられることは好ましいことかもしれません．しかし，受け入れられるべきか否かと質問されれば，その答えはNOです．

　「受け入れられるべきだ」と強要しているのは，ほかならぬ自分自身

です．かたく凝り固まった「こうあらねばならない」理想をもっているのであれば，本当に「こうあらねばならないのか」をぜひ考えてみてください．ときに現実を認識し，理想を手放す（すべてではなく，手放すことができる理想から手放す）ことで新しい自分を発見できることがあります．

　現実の体験も理想もまぎれもなく自分を構成する要素です．自分が置かれた環境で現実の体験と理想を上手に受け入れ，整理することで心理的に安定します．そして，ある瞬間に，「こんな自分もいるんだ」「こんな自分がいてもいいんだ」と自覚することは，新しい自分を発見したことにほかなりません．

　「こうあらねばならない自分」や「こんな自分」がいることを否定するのではなく，自分自身で少しでもやさしく許すことができれば，それは成長した証なのではないでしょうか．

# 8 コミュニケーションと他者の存在

　よりよいコミュニケーションを築くうえで，自己を理解し他者に自分を上手に伝えることは重要です．また，自己を理解するためには，できるかぎり自身の考えや感情などを整理し把握することが必要です．自己を理解するとき，"他者と共存する社会における自己"を理解することも欠かせません．ここでは，社会における他者の存在について考えてみましょう．みなさんにとって他者とはどのような存在でしょうか．

## 欲求と他者の存在

　日々の生活において，われわれは「～したい」という欲求をもち，その欲求を満たすためにさまざまな行動を起こします．そして，欲求をもち目標に精力的に行動を起こすことや，実際に欲求が満たされる経験をとおして，充実感や自己効力感[1)2)]を得る可能性が高まります．
　もちろん，すべての欲求が満たされる（目標が達成される）わけではな

第Ⅰ章　心理学的人間理解　　65

く，欲求不満に陥ることもよくあることです．

　行動を引き起こす背景にある欲求は，どのように定義づけられているのでしょうか．ただ単に「〜したい」といった意味合いのみならず，細かく整理され定義づけられています．

　以下に欲求の定義[3]を示します．

---

〈欲求〉

　人間が内外の刺激の影響を受けて行動を駆り立てられる過程（動機づけ）を表す言葉の1つで，行動を発現させる内的状態をいう．要求とよばれることもある．欲求は，一次的欲求（生理的欲求）と二次的欲求（社会的欲求）に分けられる．前者は，渇き・空腹・性・睡眠・呼吸・苦痛回避など，生命の維持のために身体的・生理的に必要で欠くことのできないものを指し，後者は，達成・親和・依存・承認・攻撃など，後天的に学習されたものをいう．

---

## 2つの欲求と他者の存在

　以上の定義をみると，欲求は大きく2つに分けられることがわかります．一次的欲求は，生命維持にかかわる欲求，二次的欲求は社会生活を送るうえで生じる欲求といえ，後者は"他者の存在"が鍵となる欲求といえます．

　欲求に関する研究は数多く存在しますが，ここではマズローの欲求5階層説（図4）[4]を紹介します．みなさんの欲求は他者の存在とどのように関係しているのでしょうか．

　マズローの理論では，下位階層の欲求が満たされることで，1つ上の階層の欲求が生じ，上位階層ほど欲求を満たすことが困難であることが示されています．

　第1・第2階層は一次的欲求に一致するものと考えてください．健康的に生活するためにも，生命を維持し身の安全を確保する（生理的欲求・安全と安定の欲求）ことは必要不可欠です．現代社会において一次的欲求を満たすことはそう難しいことではないかもしれません．しかしこれより上位階層の欲求を満たすことは比較的難しいものとなります．

```
          困
          難
   自己実現欲求
  承認と自尊の欲求
  所属と愛情の欲求
  安全と安定の欲求
    生理的欲求
```

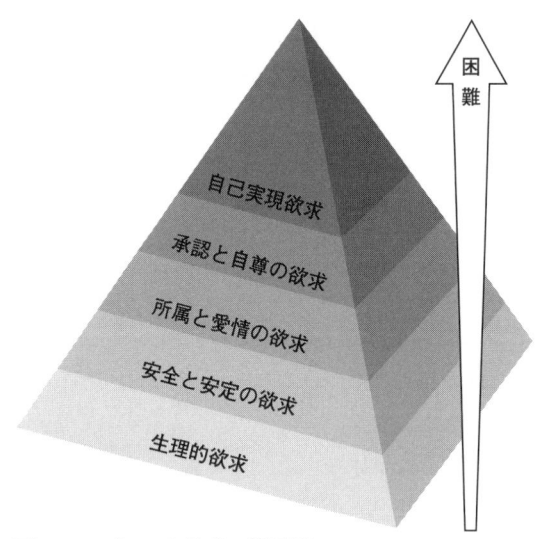

図4　マズローの欲求5階層説

　第3階層以上の階層では，"社会的集団に所属したい"，"他者と親密な関係を築き，他者から認められたい"（所属と愛情の欲求・承認と自尊の欲求），"輝かしい未来を実現したい"（自己実現欲求）などといった欲求が示されています．これらは二次的欲求に一致するものと考えてください．

　こうした欲求を満たす（またはある程度「満たすことができている」と実感する）と充実感や自己効力感が高まり，より豊かな生活を送るためのエネルギーになることでしょう．最終的に"輝かしい未来を実現する"過程では困難がつきものですが，すこしずつでも「ステップアップできた！」という実感を得ることができれば，毎日の生活が潤うのではないでしょうか．

　しかしながら，現実では，階層で示される欲求をすべて満たすことができるとはかぎりません．とくに上位階層で示される欲求はより複雑なものといえます．

　集団に所属することや社会的に認められる過程では，他者の存在は欠

かせません．したがって，欲求を充足する過程で他者との円滑なコミュニケーションを築く必要があるといえます．しかし，円滑なコミュニケーションを築くことは容易ではなく，結果として欲求を満たすことも困難に感じることがあるかもしれません．そうなると，自分の意見や主張が全く受け入れられない感覚などを感じる可能性もあります．

　こうしたなか，人間は生命維持にかかわる欲求（一次的欲求）を満たすことを度外視し，他者との関係に依存するともいえる欲求（二次的欲求）を満たそうと奮闘することがあります．たとえば，"社会的評価を上げるために寝食を削り努力する"などはその例で，心身の健康度を低下させてしまう可能性もあります．

　みなさんはどのような欲求をもっているでしょうか．その欲求を満たすために"他者の存在"はどのように影響しているのでしょうか．

## 他者を観察して自己を変える

　ここでは，社会における他者との関係について示されている興味深い理論としてミードの自己論[5]を紹介します．ミードの理論の背景には「他者の"ある反応"は，自身に対する反応そのものであり，他者の反応を自覚することは自身を自覚することにほかならず，他者の反応を自覚することがなければ，必然的に自己を自覚することもない」といった考えがあります．

　たとえば，あなたが同僚を昼食に誘ったとしましょう．

■前提となるコミュニケーション
　あなた：「お昼にカレーを食べに行きませんか」（あなたの問いかけ1）
　同僚　：「（嫌そうな顔で）どうしましょうか」（同僚の反応1）

■条件1　あなたが他者の反応を自覚することがなければ
　あなた：「さあ，行きましょう」（あなたの問いかけ2）
　同僚　：「今日はやめておきます（昨日はカレーだったから……）」（同僚の反応2）

結果　昼食に一緒に行くことができない．

■**条件2　あなたが他者の反応を自覚することができれば**
　あなた：「何かほかのものにしましょうか？」（あなたの問いかけ3）
　同僚　：「そうですね，今日はお蕎麦にしませんか？」（同僚の反応3）
　結果　一緒に昼食に行くことができる．

　以上をみると，**条件1**に比べて**条件2**はコミュニケーションが円滑なものとなっているように思えます．また，"一緒にお昼に行きたい"といった当初の欲求を満たすこともできました．

　**条件2**では，同僚の反応を自己に取り入れ，次に投げかける言葉（あなたの問いかけ3））を変えています．このように，コミュニケーションの対象となる他者の反応は，「あなたの問いかけ」に対する反応そのものであり，他者の反応を知ることは自分自身を知ることにつながるのです．

　コミュニケーションの過程では，他者の反応に合わせて柔軟に自身を変容させることで，他者との関係を調整しています．他者の表情をみて問いかけ方を変えることなどはその例です．

## 自分を苦しめるコミュニケーション

　現実のコミュニケーション場面で他者の反応を観察し，自身の言動を柔軟に変容させる過程は，自分自身を自覚し変容させる過程であり，新たな自己を形成することにつながります．実際のコミュニケーション場

面のみならず，心のなかでコミュニケーションを行うこともあり，実際の場面と同様に自身を変容させることができます．これは"内的コミュニケーション"とよばれ，"過去の経験に基づく予測によって事前に自分自身を変えること"と考えてください．

ある日，昼食に誘った同僚の反応は，あなたの記憶に残ることでしょう．そして，次に昼食に誘う際，「前にカレーに誘ったら乗り気じゃなかったな．今度は初めから意見を聞いてみよう」というように，事前に自身の言動を変容させる過程が内的コミュニケーションです．

実際のコミュニケーションや内的コミュニケーションは，新たな自己を形成するとともに円滑なコミュニケーションに寄与する一方，われわれを苦しめてしまうこともあります．

### 看護師Gさんの例

> Gさんは同僚との関係に悩んでいます．「何もかもが同僚の言いなりで，自分を失ってしまっている」と訴えています．「言いなりになることで職場がうまくまわればよいかとも思います．しかし，言いたいことややりたいことを全く言えないし，できない状況はつらく感じ，同僚が嫌な存在になっている」とも訴えます．

1日の大半を過ごす職場で自分を過剰に抑え，自分の思いが伝わらない（欲求が満たされない）といった実感をGさんがもつのであれば，職場はとてもストレスフルな環境といえるでしょう．前述のとおり，他者との関係を円滑に保つことは，自身の欲求を満たすうえで重要な位置づけとなります．Gさんと同僚との関係はどうでしょう．Gさんにとってあまりよい関係とはいえないようです．

もちろん，職場で欲求のすべてを満たすことは不可能です．しかし，「自分はこうしたい」といった気持ちを上手に伝えることができれば，ストレスフルな職場に一筋の光が差し込むかもしれません．こうしたなか，Gさんは自分の気持ちをすべて抑えて，同僚との関係を円滑に保とうとしています．

## 心のなかのコミュニケーション

　Gさんの相談を受けるなかで,「自分の言いたいことを同僚に訴えたら，それまでの関係が音を立てるように崩れ，修復に苦労している」といった経験をしていることが明らかになりました．それ以降,「同僚の顔色をうかがって，恐れながら相手に合わせている」ようです．"失敗してしまったから，これからは自分をぐっと抑え，他者に合わせている．そして苦しんでいる"といった状況でしょうか．

　Gさんは，ある種の失敗経験をとおして自身のコミュニケーションスタイルを変容させています．この過程で「あのとき，こうしたことで失敗したから今度からこうしよう」などと懸命に考えるとします．このプロセスは内的コミュニケーションと考えられます．しかし，結果としてGさんの悩みは尽きず，いっそう苦しい思いをしています．

　他者とよりよい関係を築くためには，自分の考えや思いを抑え込むことは重要なことでしょうか．他者はわれわれのメッセージに対して反応しています．したがって，自分のメッセージを伝えないことで，他者からの反応を得られないといった事態に陥ってしまう可能性も考えられます．「本当は他者とよい関係を築きたいのに，他者は何も反応してくれない」といった状況は非常につらいのではないでしょうか．

　よりよいコミュニケーションを築くためには，自身の気持ちを整理し，実現の可能性が高いものから上手に相手に伝える．そして，その情報を受け取った相手の反応をよく観察しながら受け入れ，自身を柔軟に変容させる必要があります．これは決して自分を抑えることではなく，相手が受け入れやすいように自身の情報を提示することなのです．

＊

　自分の欲求を充足させるためには他者との関係を円滑に保つことは大切ですが，非常に難しいことです．また，われわれが考えるほど，他者は自分の意見や主張を受け取ってはくれないのも事実です．他者との関係のなかで，新しい自己を発見・整理しながら"自分をうまく伝えること"が望まれます．

# 9 他者の印象とコミュニケーション

われわれ人間は他者と共存する社会のなかで日々の生活を送ります．社会といった集団のなかで，さまざまなコミュニケーションを取り交わし，喜びや悲しみなどの感情を体験し，思い悩みながらも明日に向かって進みつづけます．こうした社会的集団における人間の心理を取り上げ，検討を進めている分野が社会心理学です．ここでは，社会心理学の観点からコミュニケーションを考えます．

## 印象とコミュニケーション

他者に対する印象はコミュニケーションに影響を与える可能性があります．コミュニケーションの過程で，他者に対してもつ印象はそのつど変容するものです．とくに初対面での印象は，その後のコミュニケーションを左右することがあり，よりよいコミュニケーションを築くうえで，第一印象は重要な鍵となります．

社会心理学で提唱された各種理論のうち，"印象のもち方"を説明するものとして印象形成があります．

## 印象形成とは何か

印象形成に関する検討はアッシュ（Asch, S., 1907〜1996）をはじめとする社会心理学者により進められました．印象形成は，次のように定義づけられています[1]．

〈印象形成〉
対人認知の主要な側面の一つで，容貌・声・身振り・風評など他者に関した限られた情報を手がかりとして，その人物の全体的なパーソナリティを推論すること．

すなわち，他者のさまざまな情報を集め，それを総合的に分析し"この人はこういう人だ"と判断し，それをその人の全体的な印象としてもつことといえます．

心理学の講義を行う際，学生に私の印象を尋ねることがあります．数名の学生に問いかけると，たとえば以下のような"私に対する印象"が返ってきます．

〈例1〉

①メガネ　②男　③背が高い　④やさしそう　⑤まじめそう

こうした印象が私と完全に一致しているかというと疑問の残るところではありますが，このなかで1つ"やさしそう"を"冷たそう"に変えてみましょう．

〈例2〉

①メガネ　②男　③背が高い　④冷たそう　⑤まじめそう

さて，全体の印象はどのように変わるでしょうか？

例1と比較して例2の全体的印象は，「何か堅そうで近寄りにくそう」なイメージとなってはいないでしょうか．このように，他者に対するさまざまな印象のうち1つの印象が変わることで，全体的な印象が大きく

異なってしまうことがあります．これは社会心理学の分野で行われた有名な実験[2]です．

## その印象は本当ですか

　他者に対する1つの印象が，全体的な印象を変えてしまうといった現実があるなかで，"主観的な印象"が正当なものであるか否かは注意深く考える必要があるでしょう．

　私はメガネをかけた男性で，背は高めです．したがって，例の①〜③は正当なものといえます．一方，例の④⑤はどうでしょう．"やさしそう"，"まじめそう"といった他者の印象は，私自身がもつ自分のイメージと完全に一致するとは言い切れません．

　幸いなことに，例1の印象を周囲にもってもらえるのであれば，他者との距離は近づくかもしれません．しかしながら，いつでも例1のような印象をもたれるとはかぎりません．

　たとえば，ある人と初対面のとき，私の歯が痛かったとしましょう．そうすると，笑顔でいようと思っても気難しい顔をしてしまうかもしれません．そのとき，他者がその"気難しい人"を私の印象としてもったのなら，他者との距離は遠のいてしまうかもしれません．このように，

相手に対する印象はときと場合によって変わる不確実なものであるといえます．不確実な印象を手がかりに他者との関係を築くといった現実を考えると，コミュニケーションの難しさが改めて感じられます．

他者が私に対して印象を形成することと同様に，私も他者に対してある印象を形成します．すなわち，コミュニケーション場面ではお互いに相手の印象を形成していることになります．

"互いに何か噛み合わない"といった経験をする際，"自分がもつ相手の印象と実際の相手"や"相手がもつ自分の印象と実際の自分"がそれぞれ食い違っているのかもしれません．真の相手を知り，真の自分を相手に知ってもらうことで円滑なコミュニケーションを築くことができるのであれば，初対面で得た印象に左右されることなく，正確な情報を収集し，相手の印象を柔軟に形成していく過程が必要不可欠といえます．

### 第一印象は強い？

出会った当初はあまりよい印象をもたず，話もしなかったが，時間が経つにつれて相手との関係がよくなったという経験はありませんか．もしこうした経験があれば，あとになって「案外いい人だ」という感想をもつことがあるかもしれません．

このように，たとえ第一印象がよくなくても，コミュニケーションの過程で豊かな関係を築くことができる可能性は十分あるでしょう．

しかしながら，"コミュニケーションの初期に形成された印象は強い"ことが実験的に明らかとされています[2)3)4)]．そして，コミュニケーションの初期に形成された印象がその後のコミュニケーションスタイルに影響を及ぼすこともあります．

初期に提示された情報が，最終的に"その人に関する情報"となり，全体の印象を決定してしまうことを初頭効果といいます．

### コミュニケーションに対する不安と印象

さまざまな場面でコミュニケーションに対する不安を感じることがあ

〈看護学生Hさんとの会話〉

Hさんは初めての実習を経験し，担当した患者さんとの関係がうまくいかず……

「患者さんとの関係がうまくいかないんです．初めて会ったときから無愛想な人で表情ひとつ変えないし，話しかけるといやな顔をするんです……」

るかもしれません．コミュニケーションに対する不安と印象形成とのあいだには，密接な関係があります．

以下は，ある看護学生Hさんとの対話です．Hさんは初対面の患者さんとの関係に苦慮しています．このような不安をかかえる学生は少なからず存在し，ここでも印象形成や初頭効果が密接に関係していることが推測できます．

### 看護学生Hさんの例

Hさんは初めての実習を経験し，担当した患者さんとの関係がうまくいかず，思い悩んでいる様子です．

「患者さんとの関係がうまくいかないんです．初めて会ったときから無愛想な人で表情ひとつ変えないし，話しかけるといやな顔をするんです．私が悪いかもしれないんですけど，細心の注意をはらい，なんとかうまくいくようにがんばっているのですけど……うまくいきません」

Hさんにとって初めての患者さんとのコミュニケーションです．不安

や緊張をかかえながら臨むものの，Hさんが考えていた"患者さんとのよい関係"を築くことができず，自信をなくしている様子がうかがえます．Hさんと話を続けていると，その患者さんに対して，恐怖にも似た感情をもっているようにも感じられます．

　患者さんとの初対面といった状況で，Hさんが患者さんにもった印象はどのようなものでしょう．"無愛想-冷たい-何を考えているかわからない-怖い"などといった印象をもっているのであれば，全体的な印象として"自分を受け入れてくれない，近寄りがたい怖い人"となっているのかもしれません．

　Hさんにとって"自分を受け入れてくれない，近寄りがたい怖い患者さん"はどのような人物なのでしょう．"自分を受け入れてくれない"とHさんが感じる理由はどこにあるのでしょうか．また，実際に受け入れていないのでしょうか．ここでは自分自身の患者さんに対する振る舞い，接し方などを客観的に観察するとともに，患者さんの本当の姿を知ることが必要です．

　患者さんの本当の姿といわれると，抽象的に感じるかもしれませんが，これは"患者さんの背景を知ること"だと考えてください．患者さんの背景をすこしでも知ることは，患者さんとのコミュニケーションを考えるうえで必要不可欠です．

## その人の背景を読み取ること

　コミュニケーションを考える際，コミュニケーションを築く相手の背景を知る必要があります．他者の背景を知ることは容易ではありませんが，たとえば，その人がいま置かれている状況や考え方，表情や行動をじっくりと観察し，その人に関するさまざまな情報を収集し組み立てることで，背景の一端を知ることができる可能性があります．

　前述のとおり，歯が痛ければ思うように笑顔を表出することはできません．こうした状況（その人の背景）を知らないことで，"無愛想で怖い人"といった印象をもってしまうことがあります．しかし"歯が痛くて

つらい"といったその人の"背景"を知ることで，対応の方法も変わります．

　患者さんの場合はどうでしょう．身体や心，家族や将来のことなど非常に大きな困惑や不安をかかえている方も少なくありません．こうした患者さんの立場に立ってみたとき，あなたなら初対面の相手とどのようなコミュニケーションをとるでしょうか．

　カウンセリングの世界では，"あたかも自分のことであるかのように相手の立場に立つ"ことが求められます．その人がもつ背景を自分自身のことであるかのように感じ取り，相手を知ることが必要不可欠です．もちろん自分が置かれている立場や役割などによって，相手の立場に立つことに困難さを感じることもあります．しかしながら，"相手の立場に立とうとする態度"が重要です．

　Hさんと患者さんとの関係のなかで，Hさんが患者さんの背景をすこしでも知ることができ，"何を考えているかわからない"といった印象から"こういう状況だからこそ，何を考えているかわからないように振る舞っているのかもしれない"といった印象に変われば，全体的な印象も大きく変容し，接し方も変わるかもしれません．

　患者さんとの関係をよりよく築くことは，よりよい支援を実践するためにも重要な課題となります．よいコミュニケーションは千差万別で，正解はないように思えます．こうしたなかで，コミュニケーションを築く相手の背景を知り，相手の印象を柔軟に形成していくことで，あなたにとってよいと思えるコミュニケーションが実現できるのではないでしょうか．

# 10 メンタルヘルスとソーシャルサポート

　他者との関係を築くなかで，誰かを支援し，誰かに支援されるといった相互の関係は，メンタルヘルスを保持・増進するために重要な意味をもちます．この支援を社会的な支援，（ソーシャルサポート）とよびます．医療の現場においては，患者を身体的にも精神的にも支援することが求められます．ここでは，ソーシャルサポートの理論を紹介します．

## ソーシャルサポート

　ソーシャルサポートは，キャプラン（Caplan, G., 1961〜）という研究者により概念化されたものです．キャプランが概念化する以前から，ソーシャルサポートもしくはソーシャルサポートに類似する概念の研究は多数行われてきました．

　これまでの研究成果では，ソーシャルサポートとストレスとのあいだには密接な関係があることが示されています．もうすこし詳しく紹介す

ると，ストレス・コーピング(ストレスの対処：第Ⅱ章「2 ストレスとは何か」p.103,「3 ストレスのメカニズムとストレス・コーピング」p.109参照)の支えとしてソーシャルサポートを有効に利用することが望ましいという結論が数多く示されています．

　なんらかのストレスを受けたときに，心理的にも物理的にも，そのストレスに対処できる資源(対処に役立つ方法)をもつ場合は，ストレスに対処できる可能性が高まります．しかし，ストレスに対処できる資源をもつだけで，上手に対処できるわけではありません．ストレスに対処できる資源を"活かすこと"ができるか否かが，上手にストレスに対処できるか否かを決定します．

　たとえばストレスを受けたとき，それに対処するために水泳をして身体を動かそうと考えたとしましょう．水泳をするために水着を買って，スポーツクラブに入会しました．ここまでで，ストレスに対処するための資源を得たことになります．しかし，せっかく入会したスポーツクラブに通う時間がない場合，その資源を有効に活かすことはできません．

　水泳をして汗を流すというストレス対処法(資源)を知っていても，それを実施すること(資源を有効に活かすこと)ができなければ，実際にストレスが低減されることはありません．

　心身の健康保持・増進をはかるためにも，ストレスに対処する資源をもち，その資源を有効活用することが必要不可欠です．そして資源の有効活用を促進するものがソーシャルサポートです．

## ソーシャルサポートとストレス

　ソーシャルサポートは，家族や友人など，個人の周辺にいるさまざまな人から受ける有形・無形の支援です．そして実際に周囲から，ソーシャルサポートを受けることができる場合，その個人は，ストレスフルな状況に最もよく対処できるとされています．したがって，対人関係のなかで有効な支援を受けることができればできるほど，ストレスへの対処

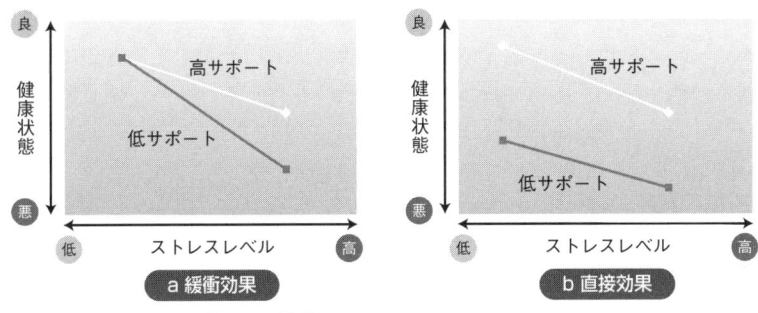

図5 ソーシャルサポートの効果
(a 緩衝効果 / b 直接効果)

の可能性が増し，その結果としてメンタルヘルスの増進が期待できるのです．

　以上のようなソーシャルサポートとストレス低減効果について，非常に興味深い2つの効果を紹介します．1つが緩衝効果，他方が直接効果とよばれるものです(図5)．

　ストレスレベルが低い状態では，高いソーシャルサポートを受けている場合も低い場合も，健康状態にそれほど違いがなく(ストレスが低い状態では，ソーシャルサポートにかかわらず健康状態はよい)，ストレスレベルが高くなるにつれ，高いソーシャルサポートを受けている場合のほうが，低い場合よりも健康状態がよいという効果を，緩衝効果とよびます(図5-a)．

　一方，直接効果は，ストレスレベルが低い状態であっても，ソーシャルサポートを高く受けている場合は健康状態がよく，ストレスレベルが高くなるにつれて，緩衝効果と同様ソーシャルサポートを高く受けている場合のほうが，低い場合よりも健康状態がよいという効果です(図5-b)．

　その環境で生活をする個々人の属性(性別や年齢，性格など)や誰(家族，友人，同僚など)からソーシャルサポートを受けているのかによって，効果には差が生じますが，主にこの2種類の効果は，ソーシャルサポートの重要性を示す重要な知見といえます．

第Ⅰ章　心理学的人間理解　　81

## サポートの種類

　ソーシャルサポートは，いくつかのサポートに分類することができます．ここでは，2つのサポートに分けて紹介します．一つは道具的サポート，もう一つが情緒的サポートです．

　道具的サポートとは，サポートを必要としている人に対して，物理的な支援を行う種類のサポートです．たとえばお腹がすいている人をみつけた場合，食べ物を差し出すなどが道具的サポートです．

　一方，情緒的サポートとは，情緒，すなわち，その人の内的感情や考えなどに対するサポートを指します．たとえば悩みをかかえ，苦しい思いをかかえ，その思いを言語化して表現したいという人がいる場合，言語化して表現する機会をつくる（簡単にいうと，悩みを聴く）ことは情緒的サポートの一つの例です．

　そのほかにも，「あなたのことをいつも見守っていますよ」といった言語的・非言語的メッセージを他者に送ることができれば，それは情緒的サポートを行っていることになります．

## サポートを上手に機能させるために

　道具的サポートにしても情緒的サポートにしても，いくつものサポートを与え，受け取ることができる支援的な人間関係は，健康的な社会を築くうえでも欠かせないものです．しかし，ソーシャルサポートがうまく機能しない（サポートがサポートとしてうまくはたらかない）こともあります．ソーシャルサポートをうまく機能させるために非常に重要なことは，相手を知ることです．

　たとえば先ほどの例のように，ある人をみて「なんだかこの人はお腹がすいていそうだな」と思い，手持ちの食べ物を提供したとします．しかし，実はその人は全然お腹がすいていなかったとしたら，提供した食べ物は道具的サポートとして機能しない（役に立たない）ことになります．また，「この人はなんだか話を聴いてほしそうだな」と思い，丹念に話を聴く環境を整え，話を聴く準備を整えたとしても，その人が「い

ま，話したくない」と感じていれば，話を聴くという行為自体が不必要なものとなってしまいます．

　両者に共通することは，相手が望んではいないサポートを提供しようとしていることです．言葉を選ばずにいえば，相手が望んでいないサポートを無理に提供しても，それは余計なお世話になってしまうことさえあります．

　もちろん，ある人が「自分はいまそのサポートは要らないけど，自分のことを気づかってくれるんだな」と感じるのであれば，それは情緒的サポートとなりうるかもしれません．しかし，自分がよかれと思って提供したサポートのすべてを，相手が"よいサポート"として受け取ってくれるとはかぎりません．

　誰かをサポートする際，私たちが提供するサポートは相手にとってどのように認識されるのか，じっくり相手のことを観察し，話を聴いたうえで提供すれば，そのサポートは有効な社会的資源となりえます．こうしたことからも，サポートを受ける側の主観的側面については，注意深くなる必要があるのです．

　他者の主観的側面をできるかぎり知るためには，他者の非言語的なメッセージ（身振り，手振りや表情）をこと細かに観察しながら，その人が発する言語的・非言語的メッセージや内的感情との齟齬（たとえば「そんなに心配しなくていいよ」という言葉とは裏腹の"心配してほしい"と

いう気持ち)を知る努力(相手の立場に立つこと)も必要です．

## ソーシャルサポートと人間関係

　ソーシャルサポートを提供する場合，以上のように他者の立場に立つことが，そのサポートを機能させるうえでは欠かせないことを紹介しましたが，私たちはソーシャルサポートを提供するだけではなく，受け取る立場に立つことも往々にしてあります．

　ある人間関係の定義をみると，その一つに"ギブ・アンド・テイクの関係"という文言があります．ギブ・アンド・テイクの関係が成立すると人間関係が成立するということですが，ソーシャルサポートの観点からみると，自分がソーシャルサポートを提供するのみではなく，他者からもサポートを受け取る経験をすることで，人間関係を築くことができるということになります．

　お腹をすかせている人をみて，食べ物を提供するように道具的サポートを提供(give)した場合，「ありがとう」といった言葉やうれしそうに食べる姿が，道具的サポートを提供した人に対する"お返し"(take)になります．すなわち，相手のふとした言葉や仕草が，サポートを提供した人に対する情緒的サポートとなる可能性もあるのです．

　しかし，この"お返し"があることを見逃してしまうこともありえます．

　以下，実習指導にあたるＩさんの例です．指導者と指導を受ける側との支援関係はうまく機能しているのでしょうか．

## 教育的支援とソーシャルサポート

　以前，実習指導者の研修会を担当する機会がありました．その際，「みなさんが困っていることを書いてください」とお願いし，本書で紹介する許可をいただいた実例です(個人特定ができないよう全体的に修正しています)．

> **Iさんの例**
>
> > Iさんは，実習に訪れる看護学生を指導することに手を焼いているそうです．いくつか手を焼いている理由を述べていただきましたが，そこには「学生が何を求めているのかわからない」「必須の事項はことあるごとに伝えているが，それを理解しているのかわからない」と記述されています．

看護をはじめとした医療や福祉にかかわる教育において，実習の果たす役割は非常に大きいものです．そしてそこでは，将来的に専門性を発揮するための基盤となるような実践的技能を高めるべく，多くの人が教育にあたっています．この種の研修を数年にわたり担当するなかで，「学生が何を求めているのかがわからない」「何を考えているのかがわからない」，転じて「いまの若い子たちのことがわからない」といった訴えや「どうすればいいでしょうか」といった質問を多く受けます．

教育を行ううえで，必要最小限(欲をいえばそれ以上)の知識や技能を習得させることは，教育に携わる者の責務で，そのままソーシャルサポートの考え方をあてはめることはできません．しかしここでは，実習の場における学生の体験をソーシャルサポートの視点から考えてみます．

新たな環境で新たな他者に遭遇する体験では，そのストレスレベルは非常に高くなることが予想できます．そのとき，その学生を取り巻く周囲(実習指導者をはじめ，教育に携わる人々)は，カチンコチンに硬く緊張した学生や，知識を披露して虚勢を張る学生(不安の裏返しであることも多い)をみて，「この忙しいなかで余計な仕事を増やさないで！」「もっと地に足を着けて学びなさい！」と感じることはないでしょうか．カチンコチンに緊張しているときや不安を隠すために頭でっかちな知識でカバーしようとしているとき，想像してみてください，表情はどうなるでしょう．おそらく表情は硬く，学生によっては青ざめているかもしれません．

よくわからない学生を知り，教育をうまく展開するためには，まずは

学生が"ソーシャルサポートを受け取ること"を経験する必要があるように感じます．学生時代の数年という短い出会いのなかで，悠長に感じるかもしれませんが，「あなたのことを見守っているよ」という言語的・非言語的メッセージが学生の硬さやわかりにくさを解する役割を果たすことがあります．

*

　ここでは，ソーシャルサポートについて紹介しました．みなさんはソーシャルサポートを受け取っているでしょうか．また，提供しているでしょうか．ソーシャルサポートには，人間関係を豊かにし，心身の健康保持・増進をかなえる要素が多分に含まれています．

# 11 コミュニケーションと リーダーシップ

　社会的集団における生活では，おのおのがそこで求められる役割を果たし，生活しています．そして，社会的集団を率いる役割を果たす集団のメンバーはリーダーとよばれ，そのメンバーは多かれ少なかれリーダーから影響を受けます．リーダーは集団を形成する要となる存在です．ここでは，リーダーシップとコミュニケーションネットワークについて考えてみましょう．

## リーダーとは

　いま，生活している環境には，家族や友人，同僚などの他者が存在しています．自分以外の他者が存在する環境は社会とよばれます．こうしたなかで，社会では，リーダーが成員（同一の社会に所属するメンバー）の満足度に影響を与えることや集団のパフォーマンス（作業効率）に影響を与えることが実証されています．そして，リーダーが果たす役割やリ

ーダーの種類などについて，とくに社会心理学で数々の検討が行われ，実生活に役立つ有益な示唆が与えられています．

リーダーに関しては，紀元前の古代ギリシャやエジプト，中国などで記述されていたそうで，現代社会のみならず集団やリーダーに関する興味や関心は昔から（これからも）薄れないもののように感じます．

心理学のなかで，リーダーに関して言及する際，リーダーシップについて取り上げることが多く，リーダーシップは「集団の目標達成，および集団の維持・強化のために成員によってとられる影響力行使の過程」と定義づけ[1]られています．リーダーシップとはリーダーが発揮する力と考えてください．

たとえば，われわれの職業生活（職場）に目を向けてみましょう．職場での大きな目的は何でしょうか．看護といった職場に特化するのであれば，多々ある目的のなかで"安全"を確保することは大きな目的の一つとなると思います．

そこで，"安全"という目的を達成するために，この職場におけるリーダーは，同僚・上司との関係を円滑かつ密に維持する（集団を維持し強化する）必要があります．また，職場におけるよいリーダーは，職場のメンバーにとってよいモデルとなり，メンバーによい影響を与え（影響力の行使），さまざまな指示を与えることもあるかもしれません．

## 民主型，独裁型，放任型のリーダーシップ

リーダーや集団のなかで発揮されるリーダーシップはいくつかの型に分けることができます．レヴィン，リピット，ホワイト（Lewin, K., Lippitt, R., & White, R. K., 1939）の3人は，児童の集団を対象に民主型，独裁型，放任型のリーダーの下で，メンバーの作業効率や集団内の人間関係がどのように異なるかを検討しました．これは，社会心理学における有名な実験です[2]．

民主型のリーダーは「指示を出し，一緒に作業をするタイプ」，独裁型のリーダーは「指示を出しながら，非常に管理的なタイプ」，放任型

のリーダーは「指示もあまり出さず,かかわりもあまりもたないタイプ」ととらえてください.これらのリーダーが存在する集団で,それぞれどのような特徴が生じるか,以下にまとめます.

---

〈民主型リーダー〉
・集団の人間関係は非常によく,仲間同士のほめ合いや仲のよいふざけ合い,集団を意識した発言(メンバーを尊重する発言)が多く,集団の所有物を大切にするなどの特徴がみとめられ,作業量も多い.

〈独裁型リーダー〉
・依存性が高まり,個性が抑制され,会話が変化に乏しいものとなり,欲求不満を感じ敵対行動や攻撃行動,破壊行動,いじめが顕著にみとめられる.また,作業量はいちばん多かったが,民主型と大差はない.

〈放任型リーダー〉
・民主型と比較すると,遊んでいる時間が長く,作業の出来は,量質ともに民主型に劣っていた.

---

　以上のように,民主型リーダーが存在する集団では,その満足度も作業量もほかのリーダーと比較して高いという結果を読み取ることができます.

　集団の人間関係を見守り,耳を傾け,支持的に接することができるリーダーが存在する集団は,結果としてメンバーの満足度も作業効率も高くなります.メンバーの立場になれば当然です.しかし,実際にリーダーシップを発揮することが求められる際,民主的なリーダーシップを発揮することは,おそらくそう簡単ではないでしょう.

　リーダーとして集団を維持する際,「何かを無理にやらせる」といった独裁的なかかわりは時として必要かもしれません.メンバー自身が「自然とできる」といった環境づくりに励むことが民主的なリーダーになるためには必要といえます.

また，レヴィンらの実験は子どもを対象としたものなので，大人にそのまま適用することはできません．しかし，われわれ大人の集団生活をみた場合でもあてはまることは多いように感じます．
　みなさんのまわりにいるリーダーはどのようなタイプにあてはまるでしょうか．

### PM理論

　わが国の心理学者である三隅二不二によるPM理論は，リーダーシップの型を把握する際に有用な考え方であり，国際的にも有名です．リーダーのタイプを図6のように分類し，そのリーダーが発揮するリーダーシップと集団メンバーの満足度や作業効率について整理しています[3]．

　PM理論のPはperformance（作業効率），Mはmaintenance（集団維持）を意味し，それぞれ小文字の場合は，能力が低く，大文字の場合は能力が高いリーダーを指します．たとえば，Pmのリーダーは，作業効率を高めることに関しては能力が高い（作業効率を高めるためのリーダーシップを発揮できる）が，集団維持に関する能力は低いことになります．

作業効率・集団維持に関する能力が高いリーダーはメンバーの満足度は高く，成果も上がる！

|  | M | m |
|---|---|---|
| P | PM | Pm |
| p | pM | pm |

P：Performance（作業効率）に関する能力
M：Maintenance（集団維持）に関する能力

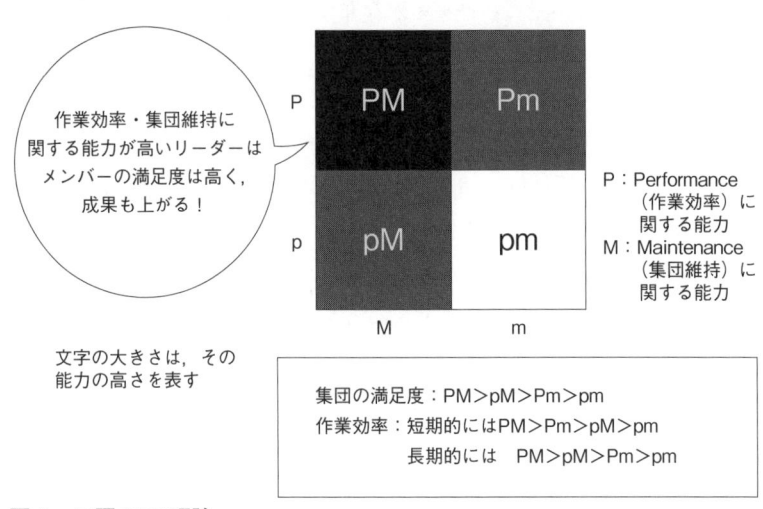

文字の大きさは，その能力の高さを表す

集団の満足度：PM＞pM＞Pm＞pm
作業効率：短期的にはPM＞Pm＞pM＞pm
　　　　　長期的には　PM＞pM＞Pm＞pm

**図6　三隅のPM理論**

成果を上げる力は高い反面，メンバーの満足度は低いなどといった特徴のある集団は，Pm型のリーダーシップをとる上司が存在している可能性が考えられます．

## コミュニケーションネットワーク

ある集団が出来上がると，そのメンバーによって言語的・非言語的メッセージによる"やりとり（コミュニケーション）"が行われます．こうした"やりとり"はいくつかに分けることができ，これはコミュニケーションネットワークとよばれます（図7）．

コミュニケーションネットワークでは，それぞれリーダーの位置（誰がいちばんリーダーになりやすいか）やメンバーの満足度，集団の作業効率などが説明されています．

コミュニケーションネットワークは，われわれの人間関係を端的に把

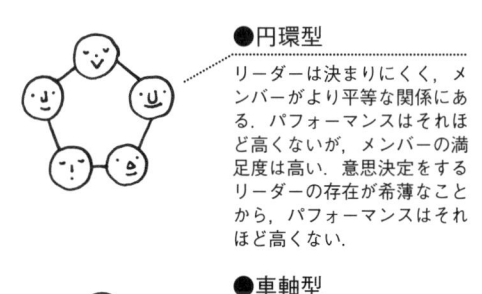

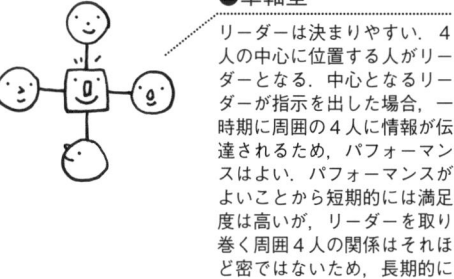

●円環型
リーダーは決まりにくく，メンバーがより平等な関係にある．パフォーマンスはそれほど高くないが，メンバーの満足度は高い．意思決定をするリーダーの存在が希薄なことから，パフォーマンスはそれほど高くない．

●車軸型
リーダーは決まりやすい．4人の中心に位置する人がリーダーとなる．中心となるリーダーが指示を出した場合，一時期に周囲の4人に情報が伝達されるため，パフォーマンスはよい．パフォーマンスがよいことから短期的には満足度は高いが，リーダーを取り巻く周囲4人の関係はそれほど密ではないため，長期的には満足度は低くなる．

図7　4つのコミュニケーションネットワーク（次頁につづく）

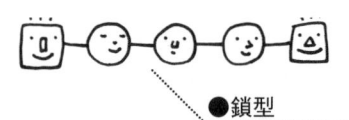

●鎖型
リーダーは右端もしくは左端の人となる．伝言ゲームのように端に位置するリーダーが指示を出すと，その隣の人に伝えるといったプロセスを経るため，作業効率はよいとはいえない．また，両隣の人との関係は密であるが，集団全員との関係はそれほど密ではないため，満足度も高いとはいえない．

●Y字型
リーダーは中間に存在する人となる．リーダーから発信された情報は，右側の2人と左側の1人（リーダーの近い人）に伝わり，その後，最も左に存在する人に伝達される．鎖型と比較してパフォーマンスはよいが，車軸型と比較するとパフォーマンスはそれほどよくない．満足度もそれほど高くない．

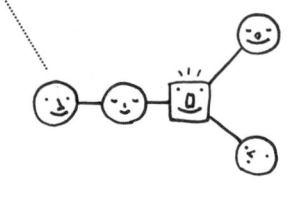

図7　4つのコミュニケーションネットワーク（つづき）

握するために役立つ考え方ですが，現実社会において，これほどクリアに，コミュニケーションネットワークが分類できるわけではありません．しかし，自分自身がリーダーとなったとき，自分が率いる集団がどのようなネットワークをもつ集団なのか，端的に整理してとらえるためには役立つ考え方です．そして，とくに集団の人間関係などに問題が生じた場合，その集団の構造をより客観的に把握することは，問題を解決する鍵となります．

### 集団の構造を把握する

　集団のコミュニケーションネットワークをより客観的に把握するためには，前述で紹介したコミュニケーションネットワークの型に合わせて理解するほかにも，いくつかの方法があります．ここではその方法の1つを紹介します．
　ここでは，ある集団に存在するメンバーを用紙に描き，その関係性

（方向や強さ）を矢印で描くといったものです．簡易的なものを図8で紹介します．このように人間関係を図示する代表的な方法としてソシオグラムがあります．ソシオグラムは，ソシオメトリックテストというテスト（質問項目）を通して作成されるもので，主として学校教育現場における児童・生徒の関係性を考えるものです．詳しくは他書を参考してください．なお，質問項目の内容から（例えば「いちばん嫌いな友人は？」などネガティブな項目があることから）使用にあたり，工夫が必要です．

　われわれが，集団の人間関係に悩むとき，その"悩み"に悩まされてしまうことがあります．こうなると，集団の構造を正確に把握することが難しくなってしまい，"あるメンバー同士の関係性にかかわりをもつことで全体の構造がよい方向に変化する"可能性があるにもかかわらず，気づくことができずに集団の満足度が低下してしまいかねません．そこで集団を客観的に観察し，集団の構造を改めて冷静に知ることが肝要となります．

⟷ ：互いにコミュニケーションがとれている状態
⟶ ：どちらか一方からメッセージが返ってこない状態
矢印の太さは関係性の強さ

CさんとDさんは強い双方向の関係であったが，その関係が途切れてしまっている

それを自分は観察している状態であり，自分とAさんとの双方向の関係は強い

また，AさんとBさんとの双方向の関係も強い．CさんとDさんとの関係を円滑にするためには，自分がAさんBさんにはたらきかけることが必要かもしれない

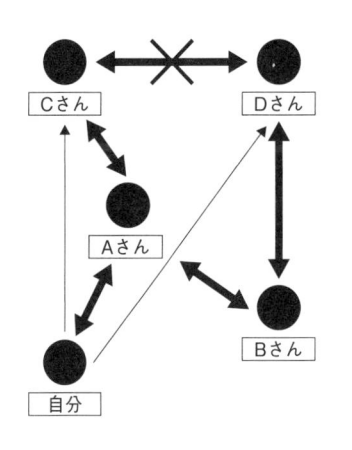

図8　ソシオグラムの例

「紙に関係を描くだけで客観的にわかるのか？」という疑問に対しては，「一応わかります」とお答えします．人間関係なので100％客観的に理解することは残念ながら困難です．しかしながら学生を対象として，講義のなかで図8のような図を描く実習をすると，不思議なことに，同じグループに所属する者が描く矢印は類似したものになることから，100％ではなくてもコミュニケーション構造を理解する方法としては妥当なものといえるでしょう．

　リーダーとしてリーダーシップを発揮することが求められた場合，外部評価や内部評価（集団のメンバーからの評価）を高くする欲求は誰しもがもつものです．こうしたなかで，自分の率いる集団の「パフォーマンスを上げよう」と必死にがんばることもあるでしょう．言い換えれば，「責任者として，しっかりとした成果を上げなければならない」といった状況です．その場では，集団メンバーの"お尻を叩く"ことで成果を上げることができるかもしれません．しかし，"お尻を叩く"だけではもちろんメンバーの満足度は低下してしまいます．

　その集団が"ある瞬間に形成される集団"であればいいですが，集団の多くは長い時間をともにする集団です．メンバーの満足度を高めることができる集団や組織は，最終的に高い成果を上げることができます．よいリーダーとは，集団の他者にとってのよいリーダーである必要があります．そのためには，リーダーとしてメンバーのメッセージを受け取り，冷静に集団の構造を観察することが求められます．

# 第 II 章

# こころの問題を取り上げる

| 1 | メンタルヘルスを考える① メンタルヘルスと人間関係 |
| 2 | メンタルヘルスを考える② ストレスとは何か |
| 3 | メンタルヘルスを考える③ ストレスのメカニズムとストレス・コーピング |
| 4 | メンタルヘルスを考える④ 心身相関とリラクセーション |
| 5 | 対人支援と臨床心理学① 他者の立場に立つ |
| 6 | 対人支援と臨床心理学② 来談者中心療法 |
| 7 | 対人支援と臨床心理学③ 行動療法・認知行動療法 |
| 8 | 対人支援と臨床心理学④ うつ状態とうつ病 |
| 9 | 職場のメンタルヘルス |
| 10 | 健康保持・増進と健康教育 |

## 1 メンタルヘルスを考える①
# メンタルヘルスと人間関係

　心身の健康度を高め，よりよい対人支援を行うことは，医療現場をはじめとした各種領域で求められる重要な事柄です．心の健康度を引き下げる要因としては，ストレスの問題をあげることができます．ストレスの原因に関する調査をみると，人間関係の問題がストレスを喚起する重要なファクターとなるようです．ここでは，健康とストレスについて考えましょう．

## 健康と人間関係

　健康について世界保健機関（WHO：World Health Organization）は，「単になんらかの病を患っていない状態を指すのではなく，身体や精神，社会，福祉といったわれわれ自身，またはわれわれを取り巻く世界が完全な状態」（WHO, 1946）と定義づけています[1]．この定義のとおり，身体，こころ，環境などは相互に関係しあいながら，われわれの心身の健

康に影響しています．したがって，心身の健康保持・増進をめざす際，身体の健康やこころの健康を高めることのみならず，われわれを取り巻く社会的環境にも注目する必要があります．

社会的環境とは，職場の気温や照明の明るさ，使いやすい器具の有無などといった物理的環境はもちろんのこと，職場における人間関係の状況（心理的環境）なども含みます．そして，これらの環境を上手にコントロールすることで，心身の健康度を保持・増進することが期待できます．

円滑な人間関係を築き，他者との豊かな関係のもとで業務を遂行すること（心理的環境を上手にコントロールすること）はたいへん難しく，現代社会における課題となっています．厚生労働省の調査（2012年）では，職場における不安や悩みの第1位が人間関係の問題に起因するストレスであることが示されています[2]．こうした調査結果からも心身の健康保持・増進にかかわる心理的環境をコントロールすることの難しさがうかがえます．

また，人間関係の問題を理由とした離職者数も増加し，とくに人と人とのかかわりや支援を求められる医療従事者にとって，劣悪な心理的環境が心身の健康度を低下させてしまうことや自身のキャリアを途絶えさせてしまう可能性もあります．

## ものの見方とストレス

職場の人間関係をはじめとする心理的環境が良好ではない場合，ストレスの源となり，心身の健康度を低下させる要因となります．そして，ストレスが発現するメカニズムは心理学的ストレス理論としてモデル化されています．

心理学的ストレス理論はラザラスとフォルクマン（Lazarus, R. S. & Folkman, S.）によって1984年に提唱された概念であり，ここでは，ストレスが発現するプロセスとして，環境を認知し評価することが想定されています[3]（第Ⅱ章「3 ストレスのメカニズムとストレス・コーピング」，

p.109参照)．

　ある環境下では，まず，その環境から与えられる刺激を認知し評価（一次的評価）します．ここで，認知した刺激が"自分にとって有害なものである"と評価した場合，次の評価（二次的評価）を行います．二次的評価で，認知した刺激を"避けること（対処すること）ができない"と評価した場合，ストレスが発現します．

　したがって，ストレスに曝された場合，そのストレスに上手に対処（ストレス・コーピング）することが求められます．また，根本的な問題解決をはかる場合には，一次的評価や二次的評価の方法を修正する必要もあります．修正には，認知行動療法（第Ⅱ章「7 対人支援と臨床心理学③行動療法・認知行動療法」参照）をはじめとした各種心理療法が適用されることがあります．

## ストレスがもたらす不自由さ

　職業生活を送るうえでは，いくら良好な職場環境であっても，少なからず"嫌なこと"に遭遇してしまいます．

　みなさんは"嫌なこと"に遭遇した場合，どのように対処するでしょうか．運動をして汗を流す，好きな音楽を聴いて気分転換する，などといった方法を用いることもあると思います．しかし，強いストレスに継続的に曝されている状態では，ストレスに対処するエネルギーが枯渇し，その苦しさから回避することもできなくなってしまうことがあります．

　こうした状態はとても不自由です．そして，エネルギーを使い果たしてしまった場合，いつもできていたことが思うようにできなくなってしまうこともあります．そして，周囲からみると「なぜ何もしないの⁉」というように批判的にみられることもあります．強いストレスに継続的に曝されていると，"何もしない"のではなく，"何もできない状態"に陥ることがあります．

　ストレスに対処し，ストレスを軽減することは，ストレスの源を断つ

第一歩を踏み出すための下準備です．したがって，みなさん独自のストレス対処法を手に入れることも大切です．そして，ストレスに立ち向かうエネルギーを使い果たしてしまった場合，いったん休息し，エネルギーを補給することは必要不可欠です．

## ストレスの源に関与する——自分を知る

　ストレスの源は多様です．日々のストレスをなくすことは容易なことではありませんが，人間関係の問題が重大なストレスの源であることから考えると，人間関係を調整することは，ストレスを軽減する一環であるといえます．

　人間関係というと，多くの場合，"他者とどのように関係を築くか"に焦点があてられます．もちろん他者とよい関係を築くことは最大の目標です．しかし，"他者とどのように関係を築くか"ばかりに焦点をあててしまうと，"他者を変えること"に奔走してしまいがちです．"他者を変えること"はできるでしょうか．なかなか難しいことです．そこで，"他者を変えること"と比較して実行しやすい"自分を変えること"がストレスの源となる人間関係を調整する第一歩となります．

　"自分を変えること"は簡単ではありません．しかし，ここでのポイントは"無理なく変えること"，言い換えれば，"新しい自分の側面を知ること"です．"新しい自分の側面を知る"ためには，自己理解が必須です．

　「自分のことは自分がいちばんよく知っている！」といわれてしまいそうですが，自分は自分が思っている以上にさまざまな側面をもっているものです．自分を客観的にみて，よい所探しをすることは案外難しく，とくにストレスフルな環境に遭遇している場合，嫌な自分を発見してしまうことが多いものです．"新しい自分の側面を知ること"は"自分のよい所探しをすること"と考えてください．

## 自分を知る手がかり——自己概念

　自分自身を知ろうとするとき，自己概念(第Ⅰ章「5 自己概念と自己イメージ」，p.45参照)を探り，「自分とは何か」という問いの答えとなる自己イメージを"正当に"知ることが必要です．

　したがって自己理解は，自己概念を探り自己イメージを見出し，自己イメージを知るプロセスといえます．

　ある嫌悪的な環境に遭遇している場合，その環境をコントロールできない感覚や，他者に対する怒り，情けなさなど，自分に関する否定的な情報ばかりが目についてしまうことが多く(自己概念のなかに存在するネガティブな情報から自己イメージを形成している状態です)，結果として"自分＝ダメ"といった自己イメージが生まれ，頭の中が否定的な自分でいっぱいになってしまうことがあります．

　もちろん，嫌悪的な環境であっても「なにくそ！」とがんばることができる場合もあるでしょう．こうした場合は，嫌悪的な環境に立ち向かうエネルギーに満ちている，ある種ポジティブな自分のイメージを発見することができます．しかし，がんばるエネルギーが少なくなってしまうと「なんて自分はダメなんだ……」と否定的な自己イメージにとらわれてしまうこともあります．

## 自己理解と他者評価

　われわれは多かれ少なかれ他者からの評価を気にしながら人間関係を育みます．否定的な自己イメージにとらわれる場合，他者評価への臆病さや敏感さが生じ，他者との自然なコミュニケーションを阻んでしまうことがあります．ここでの他者評価への臆病さや敏感さは他者に対する"気づかい"ではなく，エネルギーをも削ぎ取る"苦しいもの"です．

　さて，自分は本当にダメなのでしょうか．数多くの人間が存在する社会では，その社会に属する人全員からポジティブな評価を受けることは不可能です．しかし，長い人生のなかで他者から認められる経験もあるでしょうし，他者から認められなくても自分自身で評価に値する自分の

情報はたくさんあるはずです．ダメな自己イメージがある一方，ダメではない自己イメージも存在します．

ダメではない自分をみつけること，すなわち，自分に関するポジティブな情報を抽出し，「自分は捨てたもんじゃない！」といった自己イメージをもつことで，ストレスの源に関与するためのエネルギーを補給することに奏功します．また，ポジティブな自己イメージを発見したとき，他者評価への臆病さや敏感さが軽減した，自分を苦しめない自然なコミュニケーションを築くことができます．

**他者理解**

上司・同僚であれ患者さんであれ，同じ人間です．自分と同じように，他者も自己概念をもち，その環境に合わせて自分の情報を抽出し，環境に依存した自分（自己イメージ）をつくりあげています．他人を理解することは，他人が有する自己イメージを理解することといえます．自分も他人も発達の過程でさまざまな経験に遭遇し，大人として，人間としての特徴を生成しています．さまざまな経験があるからこそ，よくも悪くもさまざまな自己イメージが生まれます．

しかし，忘れてならないことは，その自己イメージは唯一無二のものである反面，環境により柔軟に変容する可能性があるということです．

みなさんが誰かに対して苦手意識をもつ場合（または誰かに苦手意識をもたれていると感じる場合），もしかすると，多様な自己イメージのほんの一部分に苦手意識をもっている（もたれている）のかもしれません．他者との円滑なコミュニケーションを築くうえで，自分や他者の多様性と可能性を知ることは非常に重要です．

　他者との関係に難しさを感じ，違和感を覚えるとき，ぜひ，他者の自己概念を探るという挑戦をしてください．そのためには他者のこころに問いかけ，その返答をよく聴き，批判するのではなく，「そういう人もいていいんだ」と共感する姿勢が大切です．

　自分のよい所探しと併せて他者のよい所探しを行うことは，心理的環境をよくする手段です．

＊

　私たちは「よくなりたい」「よくありたい」と希望をもちながら日々の生活を送ります．現場の看護師さんとお話をする機会を振り返ってみると，希望に満ちあふれ，多種多様な問題に直面しながらがんばっている方が多く存在する反面，がんばる力を失ってしまい，この先のキャリアについて深く悩む方，また，もう悩むエネルギーを使い果たしてしまった方とも出会います．もちろん，こうした例は看護師にかぎりません．

　他者と良好な関係を築くことや自身のキャリアを納得がいくように形成することは誰もがもつ課題です．こうした課題が，"問題"になってしまったとき，かかえ込まず信頼できる誰かに相談してください．相談すること（自分を言語化すること）は，自分で自分の情報を整理し認識することにつながります．楽しくても苦しくても上手に自分の情報（経験や考え方，感情など）を整理することで，他者への接し方が変わることも期待できます．

**2**

メンタルヘルスを考える②
# ストレスとは何か

　現代はストレス社会とよばれ，ストレスに起因する問題が年々増加しています．心理臨床の場でカウンセリングをしていても，「家庭や職場でストレスを感じる」と訴えるクライアントも非常に多く，ストレスが大きな関心事になっていることがうかがえます．

　ストレスは，われわれが日々生活する環境やその環境で遭遇するさまざまな出来事により引き起こされ，心と身体の健康を阻害する要因となります．ここではストレスについて考えてみましょう．ストレスとはいったい何者なのか，前項に続き詳しく説明します．

## ストレスとは何者か

　ストレスが心身の問題を引き起こすといった考え方は，現在では一般的なものとなり，心身の健康保持・増進のためにも適切なストレス対処を実践することが必要不可欠です．こうしたなかで，ストレスに関する

基本的な考え方を知ることも重要です.

　ストレス研究の第一人者であり，内分泌学者であるセリエ(Selye, H., 1907〜1982)[1]は，ストレスを"環境からの刺激によりもたらされる身体の非特異的反応"としました．身体の非特異的反応とは，副腎皮質の肥大，胸腺・脾臓・リンパ節の萎縮，胃と十二指腸の出血や潰瘍などといった反応を指します．非特異的なので誰にでも起こりえます．

　このようにストレス研究の初期では，ある環境で有害な刺激に遭遇することで身体に大きなダメージを負ってしまうことが示されています．その後，研究が進められ，環境からの有害な刺激は身体のみならず心理面にも大きなダメージを与えることが明らかとされました．ストレスから受ける心身のダメージを極力抑え，健康な生活を送るためにも，"環境からの有害な刺激"について考える必要がありそうです．

## 環境からの有害な刺激

　"環境からの有害な刺激"，すなわちストレスの源はストレッサーとよばれ，ストレッサーにより引き起こされる心身の問題をストレス反応とよびます．そして，日常よく使われるストレスという用語は，ストレッサーによりストレス反応が引き起こされる一連のプロセスを意味します．ひと言でストレスといっても単純ではないプロセスで喚起されます．

　たとえば，「家庭や職場でストレスを感じる」ことは，「家庭や職場でストレッサーを受け，心身の変調をはじめとする心身の不快感や不適応感(ストレス反応)が生じている」状態といえます．

　少々複雑になってきましたが，まずストレス反応を引き起こすストレッサーについてみてみましょう．表3はストレッサーについてまとめたものです[2]．このうち，とくに心理的ストレッサーや社会的ストレッサーは人間特有のストレッサーであり，われわれに身近なストレスの問題を考える場合，心理社会的ストレッサーを詳しくみる必要があります．

表3　ストレッサーの種類

| 物理的(環境的)なストレッサー | 環境の温度や音，光の強度など |
|---|---|
| 科学物質などによるストレッサー | 大気(汚染など)，アルコール，タバコ，薬物など |
| 生物的なストレッサー | ウイルス，カビなど |
| 心理的なストレッサー | 悩み，葛藤，気分や感情(不安や怒り)など |
| 社会・文化的なストレッサー | 他者との関係，経済状況など |

(野村　忍：情報化時代のストレスマネジメント．日本評論社，2006に基づき著者作成)

## 心理社会的ストレッサー

人間のストレスを考えるうえで，心理社会的ストレッサーを重視した検討が始まったのは1960年代からです．

心理社会的ストレッサーを取り上げた研究に，ホームズとレイ(Holmes, T. H. & Rahe, R. H., 1967)の研究[3]があります．ホームズらは，ストレスフル・ライフ・イベント(stressful life event)が心身の健康と関係するといった観点から，社会再適応評価尺度(SRRS：social readjustment rating scale)を開発しました(表4)．ストレスフル・ライフ・イベントとは，日常生活で遭遇するストレッサーと考えてください．

社会再適応評価尺度では，ある日常的なイベントに直面したあと，社会に再度適応するまでに必要な労力(時間や努力，こころのエネルギーなど)を得点化したもので，1年間の合計得点(直面したイベント得点の合計)が高いほど，心身の健康度が低下し，病気の罹患率が上がることを示しています．

順位25番に注目してください．ここでの出来事は「個人的な成功」です．主観的には「成功した！」と感じたとしても，その出来事がストレス反応を引き起こすストレッサーとなることもあるのです．不思議なもので，自分にとって有益な出来事であってもストレスの原因になることはあります．

現代社会において，みなさんのストレッサーとなっているものは何でしょうか．「何かおかしい，調子が悪い」と感じるとき，気づかないあいだに日常的な出来事がストレスの原因となっているのかもしれません．

表4 社会再適応評価尺度

| 順位 | ライフイベント | 得点 | 順位 | ライフイベント | 得点 |
|---|---|---|---|---|---|
| 1 | 配偶者の死亡 | 100 | 23 | 子どもが家を離れる | 29 |
| 2 | 離婚 | 73 | 24 | 姻戚とのトラブル | 29 |
| 3 | 夫婦の別居 | 65 | 25 | 個人的な成功 | 28 |
| 4 | 留置所に拘留,刑務所に入るなど | 63 | 26 | 妻の就職や離職 | 26 |
| 5 | 家族の死亡 | 63 | 27 | 就学や卒業,進学 | 26 |
| 6 | 自分の病気・傷害 | 53 | 28 | 生活状況の変化 | 25 |
| 7 | 結婚 | 50 | 29 | 習慣の変化 | 24 |
| 8 | 解雇 | 47 | 30 | 上司とのトラブル | 23 |
| 9 | 夫婦間の和解 | 45 | 31 | 仕事の時間や状況の変化 | 20 |
| 10 | 退職 | 45 | 32 | 住居が変わる | 20 |
| 11 | 家族が健康を害する | 44 | 33 | 学校が変わる | 20 |
| 12 | 妊娠 | 40 | 34 | レクリエーションの変化 | 19 |
| 13 | 性的困難 | 39 | 35 | 教会活動の変化 | 19 |
| 14 | 家族が増える | 39 | 36 | 社会活動の変化 | 18 |
| 15 | 仕事への再適応 | 39 | 37 | 1万ドル以下の抵当か借金 | 17 |
| 16 | 経済状態の変化 | 38 | 38 | 睡眠習慣の変化 | 16 |
| 17 | 親友の死亡 | 37 | 39 | 家族・親戚づきあいの回数の増減 | 15 |
| 18 | 違った仕事への配置変え | 36 | 40 | 食習慣の変化 | 15 |
| 19 | 配偶者との論争の回数の増加 | 35 | 41 | 休暇 | 13 |
| 20 | 1万ドル以上の抵当か借金 | 31 | 42 | クリスマス | 12 |
| 21 | 担保物権などを失う | 30 | 43 | ささいな違反行為 | 11 |
| 22 | 仕事上の責任変化 | 29 | | | |

　日常的であっても日常的でなくても，ストレッサーに曝されつづけ，ストレスを強く感じることは好ましいことではありません．しかしながら，ストレスを感じることを自ら好む人もいます．そして，ストレスを自ら好む心理・行動的特徴は身体的疾患のリスクファクターとなることが明らかにされています．

## ストレスは悪者か

　以上を振り返ると，「ストレスは悪者だ！」と感じるかもしれません．過度のストレスを感じ，心身の健康が害されている場合，それは悪者といえ，早急な対処が必要となります．一方で，われわれには適度なストレス（オプティマルストレス）が必要であるという考え方もあります．こ

## ストレスを好む人もいる ～タイプA行動パターン～

現在では，ストレス反応が引き起こされるメカニズムがより細かく解明され，心身の疾患との関連性が数多く指摘されています．過剰なストレスが心身の健康を阻害することは明確な事実です．過剰なストレスに気づかぬまま生活を送ることで，ある瞬間にこころも身体も疲弊してしまうことも危惧されます．

一方，自らストレスの多い生活を好む人も存在し，この傾向を「タイプA行動パターン」[4]とよびます．タイプA行動パターンの人は，競争的で野心家，精力的であり，いつもせかせかし，大量の仕事に追われているなどといった心理・行動的特徴があげられています．よく"猛烈サラリーマン"などと形容されます．

精力的に仕事に励み，同僚と競争することは決して悪いことばかりではなく，仕事を達成することに喜びを感じることができれば，日々の生活はより潤うかもしれません．しかし，タイプA行動パターンの"猛烈さ"は過剰で，ストレスを受ける状況にあっても，まったく自覚せず生活する傾向があり，高血圧など身体的特徴もあげられ，循環器系の疾患にかかりやすく心筋梗塞の罹患率が高いなどといった指摘もあり，ストレス社会といわれる現代において決して軽視できないパターンなのです．

表5は，タイプA行動パターンのチェックリスト[2]です．6個以上「はい」に○がつく場合，要注意と判断します．みなさんはいかがでしょうか．このチェックリストの結果だけをみて「あなたはタイプAです」と断言することはできませんが，自身でその傾向を知ることにより，ライフスタイルを見直し，ストレス対処を行う指針になるのではないでしょうか．

**表5　タイプA行動パターンチェックリスト**

| | チェック項目 | | |
|---|---|---|---|
| 1 | 毎日忙しい生活である | YES | NO |
| 2 | 時間に追われている | YES | NO |
| 3 | 何事も競争してしまう | YES | NO |
| 4 | ちょっとしたことで怒りやすい | YES | NO |
| 5 | 仕事や行動に自信がある | YES | NO |
| 6 | 何事にも熱中しやすい | YES | NO |
| 7 | 何事でもきちんと片づけないと気がすまない | YES | NO |
| 8 | 緊張したりイライラしやすい | YES | NO |
| 9 | 早口でしゃべる | YES | NO |
| 10 | 並んで順番を待つことがイヤである | YES | NO |
| YESの数はいくつですか？ | | | |

(野村　忍：情報化時代のストレスマネジメント，p.40，日本評論社，2006)

れはストレス負荷と作業効率との関係をみた実験的研究の結果明らかにされたもので，ストレスが全くない状態と過剰な状態では作業効率が悪

く，最も作業効率がよい状況は，"適度な"ストレスが与えられている状態であるという考え方です．

　心身の健康を維持しながら，精力的に日々の仕事に打ち込むことが求められるなか，自分にとっての"適度な"ストレスを探していく必要があり，そのためにも過剰なストレスに対処する方法を身につける必要があるのです．

＊

　ここでは，ストレスの源となるストレッサーやストレスを好むといわれるタイプA行動パターンなどについて紹介しました．

　あなたがストレスを感じているのなら，そのストレッサーは何なのでしょう．また，ストレッサーに直面した際，あなたはそのストレッサーをどのように受け取っているのでしょうか．原因不明のイライラなど，心身に不調を感じることがある場合，知らず知らずにストレスが積み重ねられているのかもしれません．健康的な生活を送るためにも，ストレスが発生する心理的メカニズムを知り，上手にストレスに対処（ストレス・コーピング）していくことが大切です．

　ストレスにかかわる心理的メカニズムでは，ストレスの"受け取り方"に焦点をあてた興味深い研究があります．また，ストレス・コーピングの方法に関する検討も数多く行われ，心身の健康を保持・増進することに大きく寄与しています．

## 3 メンタルヘルスを考える③
# ストレスのメカニズムとストレス・コーピング

　日常生活にはさまざまなストレスがあふれています．職場・家庭などの環境で私たちはどのようにストレスを感じるのでしょうか．同じ環境で同じ刺激を受けたとしても，すべての人が同様にストレスを感じるわけではありません．ストレスを感じるか否かについては個人差があります．

　そして，ある刺激に曝された結果，ストレス反応が生じてしまう場合，そのストレス反応に対して上手に対処（コーピング）していくことも重要です．ここでは，ストレス発生に関する個人差を考えるために，これまでに紹介したラザラスとフォルクマンの心理学的ストレス理論を詳しく説明します．

　ストレスの心理的メカニズムを知り，ストレス・コーピングについて考えてみましょう．

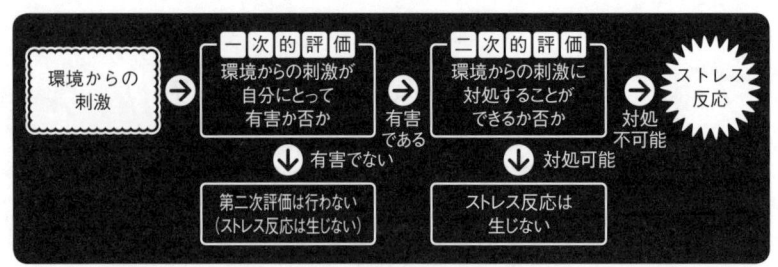

**図9 ラザラスとフォルクマンの心理学的ストレス理論**
(Lazarus, R.S.& Folkman, S.：Stress, Appraisal, and Coping. 1984(本明　寛，春木　豊，織田正美監訳：ストレスの心理学——認知的評価と対処の研究．1991を参考に著者作成)

## 心理的メカニズム

　日常生活におけるイベントがストレス反応を導く(ストレスを感じる)過程には，個人差があります．ラザラスとフォルクマンは個人差について"認知的評価"といった用語を用いて説明し，心理学的ストレス理論[1]を提唱しました．"認知的評価"というと難しい感じがしますが，環境からの刺激をとらえ(認知)，その刺激が自分自身にとってどうかを判断する(評価)過程だと考えてください．

　ラザラスらの理論(図9)では"一次的評価"，"二次的評価"が想定されています．

　環境からある刺激が与えられた場合，まず「その刺激が自分にとって有害であるか否か」を評価します．これを一次的評価とよび，評価の結果，「有害ではない」と判断した場合，ストレス反応は生じません．一方，「有害だ」と判断した場合，その刺激は，さらに評価されることになります．この評価は二次的評価とよばれ，「自分にとって有害な刺激はコーピングすることができるのか否か」を評価します．

　この結果，「コーピング可能」と評価できれば，ストレス反応は生じません．一方，「コーピング不可能」と評価した場合，ストレス反応が生じます．そして，ストレス反応を引き起こす刺激はストレッサーとよばれます．

森のなかで熊に遭遇してしまうといったケースを，ラザラスらのストレス理論から説明してみます．

> ①熊に出会う：環境からの刺激
> ②「熊は自分にとって有害だろうか」：一次的評価
> 　「有害ではない！」→ストレスにはならない
> 　「有害だ……」→二次的評価へ
> ③「熊に対処することができるだろうか」：二次的評価
> 　「対処できる！」→ストレスにはならない
> 　「対処できない……」→ストレス反応

このように，熊に遭遇したとしても，一次的・二次的評価をとおして"その刺激が自分にとってどうか"を判断し，ストレス反応が生じるか否かが決定されます．

## ストレスと個人差

日常生活の同じ環境で，同じ刺激が加えられても，その環境にいる人全員が，同じようなストレス反応を呈するわけではありません．ストレスが生じるか否かについては個人個人の認知が関係します．認知は発達過程における経験や体験から培われるものです．

また，認知の違いが個人差を生じさせる一因となります．したがって，ストレスを軽減もしくは回避するためには認知を変えていくことが重要になるといえます．認知を変えることは"ものの見方"を変えることと考えてください．

それでは"ものの見方"を変えることはできるのでしょうか．"ものの見方"を変えることは非常に困難で，他人から変えてもらうことも困難であるといわざるをえません．こういってしまうと，ストレスを軽減・回避する方法がないように感じられるかもしれませんが，変えることが非常に困難であっても"変わっていく"ことはあります．

たとえばカウンセリングや心理療法では，クライアントの認知が変わっていくことを目的に支援を行うことがあります．日々の生活を振り返り，自分を取り巻く環境や，その環境にいる自分自身の考え方をみつめることで"ものの見方"が"変わっていく"可能性が期待できます．
　いずれにしても，ストレスの背景にある個人の認知を，いますぐに変容させることを求めるのではなく，現在ストレスを感じているのであれば，いま，この時点で感じているストレスに対処し，その対処法を身につけ，より健康的な生活を送ることが望ましいといえます．

## ストレスに対処する

　ストレス反応が生じた場合，そのストレス反応を解消することが大切です．いわゆるストレス解消を実践することは，心身の健康を保つうえでも必要不可欠です．これまでみてきたように，ストレスの感じ方には

表6　リラックス法（ストレス解消方法と理由）

| 方　法 | 理　由 |
|---|---|
| 運動する<br>例）軽く汗をかく<br>　　有酸素運動<br>　　好きな運動をする　など | ・ストレスにより，交感神経系ホルモン（アドレナリン）が過剰に分泌される（過剰な交感神経系ホルモンは筋肉活動で消費可能）<br>・慢性的なストレスにより，筋緊張が引き起こされ，頭痛や腰痛，疲労を感じる（筋肉運動で筋緊張や筋緊張に伴う状態が緩和） |
| リラックスする<br>例）ゆっくり入浴する<br>　　好きな音楽を聴く<br>　　自律訓練法（p.117参照）<br>　　ヨーガや禅　など | ・ストレスにより，心身の緊張状態が引き起こされる（心理的なリラックス状態は身体的緊張を緩和し，身体的なリラックス状態は心理的緊張を緩和する） |
| 感情を発散する<br>例）気分転換をする<br>　　趣味や旅行を楽しむ<br>　　模様替えをする　など | ・同じ生活場面で同じことをしたり，考えたりすることで，感情をため込み，慢性的なストレス状態に陥りやすくなる |
| 社会的支持基盤をつくる<br>例）家族との団欒<br>　　友人との交流<br>　　相談する機会をもつ　など | ・ストレスを喚起するような問題をかかえた場合，1人でかかえ，考え込むことでより深刻になることがある |

（野村　忍：情報化時代のストレスマネジメント．日本評論社，2006を参考に著者作成）

個人差があります．またストレス対処方法にも個人差があり，さまざまな方法を知り，自分にあったストレス解消方法を手に入れ，実際に日々の生活で活用することが大切です．

　表6はストレス解消方法とその理由をまとめたものです[2]．当たり前に感じる方法かもしれませんが，改めて日常生活を振り返ってみたとき，本当にこれらの方法を実践できるかどうかは疑問が残るところではないでしょうか．

　1つでも2つでもみなさんにとってやりやすい方法を探し，実践する習慣をつけることは，ストレス解消やストレス予防につながる可能性を秘めています．

　みなさんがストレスを感じている場合，ストレッサーとなっている刺激をどのように認知しているのでしょうか．また，みなさんにいちばん適したストレス解消法は何でしょう．

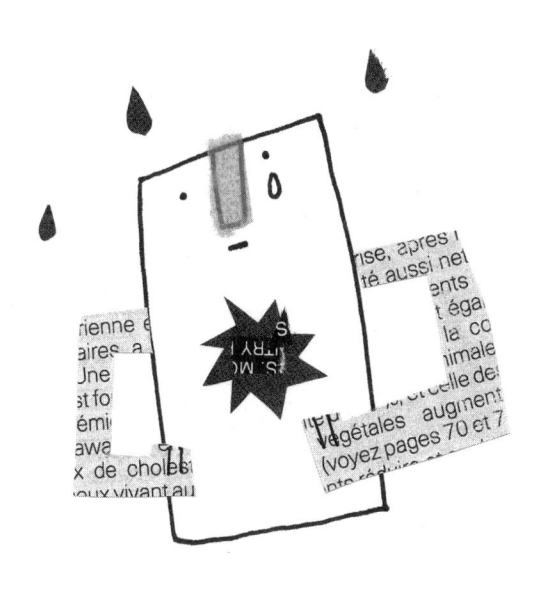

### メンタルヘルスを考える④
# 心身相関とリラクセーション

　健康的な生活を送るうえで，心身が過度に緊張してしまう状態は避けたいものです．心身の緊張状態を避けるためには，ストレスを感じる環境に直面しないことがいちばんかも知れません．しかし，ストレスを感じる環境を回避し，ストレスを全く感じない生活を求めることは現実的ではありません．

　したがって，前項で取り上げたとおり，ストレスを感じている場合には，そのストレスを上手に対処することが鍵となります．ここでは，こころの緊張と身体の緊張との関係を説明する"心身相関"と身体的緊張に対処し，リラックス状態を導くための方法を紹介します．

## こころと身体の緊張

　ストレスに曝されると，知らないあいだにこころも身体も緊張状態に陥ります．

「こころが緊張すると身体も緊張する，身体が緊張するとこころも緊張する」，反対に「こころがリラックスすると身体もリラックスし，身体がリラックスするとこころもリラックスする」といった，こころと身体の密接な関係を心身相関とよびます．心身相関の考え方は，とくに心身医学領域で幅広く検討が重ねられ，ストレスの発生機序やストレス対処について数多くの有用な知見が示されています．以下が心身相関の定義[1]です．

> 〈心身相関〉
> 　こころと身体が互いに密接な関係にあって，こころの動き（情動）は何らかの身体的変化を引き起こし，また逆に，身体的変化（痛みなど）は何らかの心理的変化（心理的反応）を引き起こす現象をいう．また，心身交互作用という用語もあり，これは心身症の持続，増悪のメカニズムの1つとしてあげられている．
> 　たまたま心身の状態がよくないときに出現し，特別の条件が加わらなければ消失していくはずの身体症状（たとえば頭痛や肩こり），あるいはそれほどひどくなることもなく経過するはずの身体症状にとらわれて，注意の集中が起こり，その身体部位の感覚が鋭敏となり，機能も亢進し，その結果，その身体症状をより強く感じてさらにとらわれ，注意の集中が起こるという悪循環が形成され，身体症状の持続，増悪がみられる．〈中略〉
> 　一般に心身相関の把握は，生活史と症状の時間的な関連性がみとめられること，ストレス負荷によって症状を誘発できること，治療経過のなかで医師・患者関係のあり方や対人関係の障害によって病状の変化が認められること，および心身医学的な治療によって症状の改善がみられることなどに基づいて判断される．

　環境からなんらかの刺激を受けることで，たとえば心拍数の増大や発汗などといった身体的・生理的変化が引き起こされます．みなさんが休日にソファーに座り，テレビをみていたとしましょう．ソファーの脇にあるコーヒーテーブルに手を伸ばしたとき，思わずコーヒーカップを倒しそうになりました．すると，ドキドキしながら「倒さなくてよかった」とホッとし，またテレビをみはじめました．こうした状況での"ドキドキ"（身体的変化）は，その瞬間だけ注目される情動反応といえます．

一方，職場における上司との人間関係を考えてみます．ここでの上司との関係はとても複雑でうまくいかず，非常にストレスフルな状態だとしましょう（人間関係の問題は職場で感じるストレスの原因，第1位です）．このようなストレスフルなコミュニケーション場面では，緊張して肩に力が入り身体が強ばり，ドキドキしながら小刻みに震えることがあるかもしれません．そして，こうした状況では身体の強ばりや情動の変化に過剰に意識が集中し，その結果，心理的・身体的な不調をより強く感じてしまう，などの悪循環に陥ることがあります．

　コーヒーをこぼした場面でも上司とのコミュニケーション場面でも"ドキドキ"といった身体的変化が生じ，それを感じ取っています．これらは同じ"ドキドキ"です．しかし環境により，その"ドキドキ"は自分を苦しめるものになってしまうことがあるのです．複雑な人間関係に悩み，ストレスフルな状況では，コーヒーをこぼしそうになったときのような"ドキドキ"と同じようにはいきません．

## ストレスと心理的・身体的緊張

　"職場における上司とのストレスフルなコミュニケーション"はすぐに断ち切ることはできません．こうしたなかで，毎日の生活が憂鬱で，肩に力が入ってしまえば慢性的な肩こりに悩まされることもあります．自分にとって好ましくない複雑な人間関係のなかでは，慢性的な気分の落ち込みや肩こり，身体のだるさなどを感じてしまうことはよくあることです．

　一方，関係がよくない上司であっても，何かの拍子に自分をよく評価することもあるでしょう．上司から満足がいくよい評価を受けた結果，不思議なことにいままで重かった肩が軽くなり，気持ちも軽くなるといった感覚を覚えることもあるでしょう．

　また，複雑な人間関係から離れ，休日にテニスをして汗をかくことで肩こりはずいぶんよくなり，気分爽快でスッキリした余暇を過ごすことができるかもしれません．このように，ポジティブな心理状態がよりよ

い身体的状態を導き，よりよい身体的状態がポジティブな心理的状態を導くことがあります．

　これこそが心身相関であり，日常生活において身体的緊張を和らげるような方法を実践することで，心理的緊張状態をリラックス状態に導くことも期待できます．リラックス状態を導くためのストレス対処法が多数存在するなか，心身の緊張をほぐす有力な方法としてあげられるものが自律訓練法と漸進的筋弛緩法です．

## 自律訓練法

　自律訓練法は，シュルツ(Schultz, J. H., 1884〜1970)が考案した方法で，催眠研究に端を発した体系的な方法論です[2]．「催眠研究から始まった」というとみなさんいろいろな印象をもつようです．

　自律訓練法が催眠研究から始まったといっても，自律訓練法そのものが催眠というわけではありません．また，催眠といってもマスメディアなどで取り上げられる催眠術と心理療法の催眠とは全く異なるものです．

　前者はたとえば何かの合図によって，苦手な食べ物をおいしく食べることができるようになったり，何かの動物になったかのように振る舞ったりと，エンターテイメント的要素が多分に含まれているように思えます．しかし，後者の心理療法としての催眠はエンターテイメントではなく，その技法によって心理的には変性意識状態とよばれる"ゆったりしたリラックス状態"に誘導されます．したがって，催眠研究がその背景にある自律訓練法も，リラックス状態を導く一つの方法であるといえます．

　方法は「両腕，両脚が重たい(重感)/温かい(温感)」や「気持ちが落ち着いている」などといった暗示文(表7)を頭の中で繰り返すといったものです．この練習を繰り返し，暗示文で表されているような身体部位の変化に気づき，その感覚を味わうことで，心身の機能を調整する効果

表7　自律訓練法の暗示文

| 公式 | 練習 | 暗示文 |
|---|---|---|
| 背景公式 |  | 「気持ちが落ち着いている」 |
| 第1公式 | 重感練習 | 「右手が重たい」「左手が重たい」「右脚が重たい」「左脚が重たい」<br>右左の重さを感じたら「両手(脚)が重たい」 |
| 第2公式 | 温感練習 | 「右手が温かい」「左手が温かい」「右脚が温かい」「左脚が温かい」<br>右左の温かさを感じたら「両手(脚)が温かい」 |
| 第3公式 | 心臓調整練習 | 「心臓が静かに規則正しく打っている」 |
| 第4公式 | 呼吸調整練習 | 「とても楽に息をしている」 |
| 第5公式 | 腹部温感練習 | 「胃のあたりが温かい」 |
| 第6公式 | 額部冷涼感練習 | 「額が涼しい」 |

が各種研究により認められており，心理臨床や健康教育など，さまざまな場面で活用されています．

　ここでは，仰臥位や椅子にかけた状態でリラックスし，2～3分程度暗示文を頭の中で繰り返し，その暗示文に沿った心身の変化を感じ取ります．第1公式を繰り返すなかで，手脚の重さを感じることができたら，第2公式に移り，第2公式を繰り返すなかで，手脚の温かさを感じることができたら，第3公式に移るといった具合で，ときどき背景公式を繰り返しながら進めます．

　慣れないあいだは，暗示文をいくら繰り返しても，なんら感覚を感じられないことがあります．しかし，しばらく続け，練習に慣れてくることで，だんだん手脚が重くなる感覚や温かい感覚を感じることができるようになります．ポイントはあせらないことです．また，暗示文に沿ったさまざまな感覚を感じることができるようになったら，その感覚をじっくり味わってください．「手が重く感じるな」「手が温かいな」などと自然な身体の変化を感じ取ることが心身のリラックスにつながります．

　また，これらの練習に慣れてくると，練習終了後，寝ぼけたような感覚が生じることがあるので，直後の車の運転などは避けたほうがよいでしょう．

自律訓練法には禁忌もしくは注意が必要な場合があります．方法や禁忌・注意などについては文献[2]に詳しいので，必ず参照するか専門家に相談することをお勧めします．
　ここでは，ストレスに関する心理的なメカニズムを紹介し，そのなかでも評価や認知がストレスと密接に関係することを述べました．また，ストレスに対処する方法を概観し，具体的な方法を紹介しました．実際に，ストレス関連疾患といえる状態にある患者さんに対して，これらの方法を用いながらカウンセリングを行うこともあります．こうしたなか，自律訓練法のみで状態が完全によくなることは少ないかもしれません．しかし，リラックス効果は確実にみとめられます．

## 漸進的筋弛緩法：筋肉の力は二度抜く

　漸進的筋弛緩法は，ジェイコブソン（Jacobson, E., 1888～1983）によって開発されたリラクセーション法です[3)4)]．
　前述のとおり，過度のストレスによって肩こりなどのように身体が緊張（筋肉に過剰な力が入る）することがあります．また，肩こりは頭痛の原因の一つとなり，慢性的な肩こりや頭痛は生活の質（quality of life：経済的な豊かさのみならず，各個人がもつ生活の満足度や幸福度などを総合的にとらえた生活の質）を低下させることもあります．
　漸進的筋弛緩法は「筋肉に力を入れ，力が入っている状態を感じ取り，その力を抜くことで，筋肉から力が抜けていく感覚を感じ取る」練習を行うことで，筋弛緩状態に導く方法です．身体的緊張を低減させる練習は，心身相関の立場からみても有効なストレス対処法といえます．

### 漸進的筋弛緩法の手順

　漸進的筋弛緩法の実際の手順をみてみましょう（図10）．
　まずは椅子にかけた状態でリラックスします．両手は力を入れずそのまま下に垂らします．脚にも肩にもどこにも意識的に力を入れることが

ないように，「ふーっ」といった感じで座ってみましょう．ここで，椅子の金属部分などに触れないように気をつけてください．金属部分などに触れ，冷たさを感じてしまうと，筋肉の力の変化を感じ取りにくくなることがあります．なるべく椅子やそのほかのものに触らないようにします．これで準備完了です．

　ここから筋肉に力を入れていきます．やみくもに力を入れるのではなく，まずは手首(①)までに力を入れます．ここで入れる力とは，"力一杯"ではなく"筋肉に力が入っている"と感じられる程度の力にしましょう．

　手首の練習では特徴的なスタイルをとります．図11のように卵を握るような形で手を握ります．思わず親指と人差し指をつけてしまいそうになるのですが，つけないで握りましょう．椅子の金属部分と同様に，親指と人差し指が触れてしまうことで，筋肉に力が入っている感覚などを感じ取ることが難しくなってしまいます．

　さて，ここまでできたら，手首まで力を入れて力が入っている感覚を

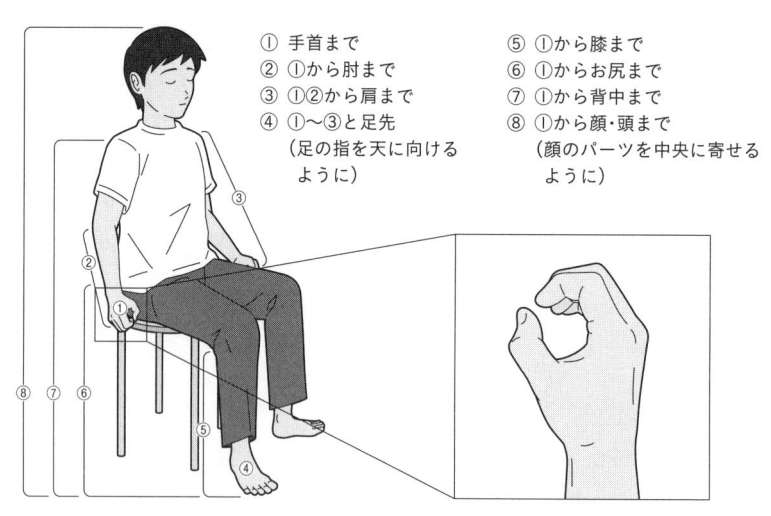

① 手首まで
② ①から肘まで
③ ①②から肩まで
④ ①〜③と足先
　（足の指を天に向けるように）
⑤ ①から膝まで
⑥ ①からお尻まで
⑦ ①から背中まで
⑧ ①から顔・頭まで
　（顔のパーツを中央に寄せるように）

図10　漸進的筋弛緩法　手順　　　図11　漸進的筋弛緩法　手の握り方

味わってください．味わう時間は十数秒です．十分に力が入っている感覚を味わうことができたら，力を抜きます．抜き方は「ふっと抜く」感じで，力が抜けていく感覚を味わいます．時間は十数秒です．

練習はまだ続きます．もう一度"力を抜いて"いきます．二度力を抜くのです．筋肉に力が入っている状態から意識的に力を抜いたあと，より確実な筋弛緩状態を導くために，再度力を抜きます．そして，残った力が抜けていく感覚を十分味わいましょう．時間は十数秒です．残った力を抜くこと，その力が抜けていく感覚を味わうことは少々難しいかもしれませんが，練習を繰り返すごとにコツをつかむことができ，十分に感覚を味わうことができます．

そして，手→手から肘→肘から肩／足先→足先からふくらはぎ，といった順番(図10①〜⑧の順)に力を入れ，そのあと抜き，さらに抜く，こうした力が入っている感覚や抜けていく感覚を十分味わいます．無理をせずに，ゆったりとした気持ちで実施してみましょう．

以上の練習は，筋肉に力を入れることが前提の方法です．したがって，怪我をしている場合など，筋肉に力を入れることに不都合がある場合は避けたほうがよいでしょう．心配な場合は専門家へ相談したあとに実施することをお勧めします．

## 職場ストレスと漸進的筋弛緩法の実践

職場における上司との関係が主な問題となっているJさんの例をみてみましょう．

### Jさんの例

Jさんは「一生懸命仕事に励んでいるのに，上司は全く評価してくれず，ほかの同僚ばかりをひいきする」と訴えます．上司はJさんの部署に異動してきたばかりです．Jさんは「以前の上司のほうが自分をわかってくれた」と感じているようです．そして，Jさんと上司との関係はさらに悪化し，Jさんは朝晩にかかわらず出勤する際に身体のだるさと肩のこわばりを感じている状態です．

Jさんとのカウンセリング過程では，上司との関係やJさんのさまざまな背景や問題を取り上げた対話を行う必要があります．しかし，まずは出勤時の身体的緊張を和らげる必要もあり，Jさんの事例では漸進的筋弛緩法を適用しました．

　出勤時に心身の緊張感を感じた場合，たとえばトイレの個室などに入り，漸進的筋弛緩法を実施し，リラックス効果を得るといった試みです．図10①〜⑧すべての身体部位に関する練習をするには時間が必要です．Jさんの場合，出勤前に行うため長時間を費やすわけにはいかず，ここでは腕(図10③)までの練習としました．

　数週間続けた結果，出勤時の緊張感は軽減した様子です．このように，漸進的筋弛緩法を実施することで，さしあたっての緊張感は低減される可能性があります．

　漸進的筋弛緩法をはじめとしたストレス対処法のみで，本質的な問題を完全に解決できるかといえば，「難しい」といわざるをえません．しかしながら，本質的な問題解決の糸口になる可能性は，多分に秘められています．

＊

　心身相関の概念と2つのリラックス法を紹介しました．ストレス社会とよばれる昨今，心身ともに健康な生活を送るためには，身近なストレス対処方法を手に入れる必要があるのかもしれません．上手にストレスとつきあいながら豊かな毎日を送りたいものです．

## 5

対人支援と臨床心理学①
# 他者の立場に立つ

　他者を理解しようとするとき，耳を傾けて聴く"傾聴"は欠かせません．傾聴は他者との関係をより豊かによりよく築くためにも，ぜひ身につけたい姿勢です．そして，他者から受け取ったメッセージはそのまま受け取るのではなく，"相手の立場に立って受け取る"共感が必要です．また，カウンセリングをはじめとした対人支援を行ううえで，共感や傾聴は欠かせません．

　ここでは，相手のことをあたかも自分のことであるかのように感じ，受け取る"共感"について考えてみましょう．

## あたかも自分のことであるかのように聴く

　傾聴は"耳を傾けて他者のメッセージを受け取ること"です．傾聴しながら他者のメッセージを受け取ることと併せて，受け取ったメッセージをより深くより豊かに受け取り感じ取ることで，他者との関係をより

第Ⅱ章　こころの問題を取り上げる

豊かなものとする可能性が広がります。

　他者が送るメッセージをより深くより豊かに，他者の立場に立って感じ取ることを"共感"とよびます。共感という言葉は日常生活でわれわれがよく使う言葉なので説明は不要かもしれませんが，他者を理解するうえで重要なテーマです。

　"共感"について詳しく説明されたものを一部引用すると，以下のとおりです。

> 〈共感〉[1]
> "あたかも……のように"という条件を失わず，他者の苦しみや喜びをその人が感じているように感じ，その原因についても，その人が知覚しているように感じ取ることである。しかも，そのとき，自分が苦しんだり，喜んだりしているのであるという認識を決して失うことがない状態である。もし，この"あたかも……のように"という性質がなくなるのならば，それは同一化の状態である。

　"共感"とは，"相手の立場に立って相手のメッセージを受け取り，相手がもつ感情や思いなどを，まるで自分のことであるかのように感じ取っていること"を指します。ここでは，"あたかも……のように"がキーワードとなります。

　"あたかも……のように"は，相手の立場に立つことを意味しますが，これは他者の真似をすることではなく，完全に相手になりきるわけでもありません。言い換えるなら"相手の感情を感じ取り，受け取るが，相手の感情に自分自身が流されることはない"状態です。

　いま，あなたはある人に悩みを打ち明けられたとします。その人は涙を浮かべながらあなたに何か助けを求めている様子です。このような場合，あなたはどうするでしょう。

　あなたがとるだろう方法に最も近いものを，以下の①〜③から選択してください。

　①相手の話を聴き，その悩みごとを受けとめ，その気持ちを十分感じ取り，話を整理するように努める。

②相手の話を聴き，重篤であると感じ取ったため，専門機関を訪れることを勧める．

③相手の話を聴き，その悩みごとの重大さを感じ取り，語り合い，一緒に涙を流す．

以上のうち，①②の状態が"共感"している状態を表しています．①のような相手の悩みをじっくりと聴き取り，それを整理するといったプロセスでは，その相手の思いや悩みを"あたかも自分のことであるかのように"感じ取ることが求められるでしょうし，②でも"あたかも自分のことであるかのように"感じ取るプロセスがあってこそのかかわり方といえます．

さて，③はどうでしょう．"あたかも自分のことであるかのように"感じ取ることは①②と同様です．しかし，"あたかも"という性質を失い，相手の感情を"自分のこと"として同一化し，その結果，一緒に泣いている状態になっています．もちろん，友人関係や家族関係のなかで，他者の思いを共有し一緒に涙することは自然な営みといえるでしょう．したがって，"一緒に泣くこと"が必ずしも悪い行為であるとはいえません．

しかし，自分を忘れ，他者と"一緒に泣くこと"で，自分も他者もより悪い状況に陥ってしまうこともあります．もちろんその時々のわれわれがかかえる悩みや環境によりますが，自分を失わず相手の感情を十分に感じ，相手のメッセージを受け入れる姿勢を保つこと，すなわち共感することで，より安定したコミュニケーションを築ける可能性が広がるともいえます．

"あたかも自分のことであるかのように"相手を感じる際，相手の何を感じ取ればよいのでしょうか．ロジャーズの考え方（第Ⅰ章「6 人間とは何か」，p.52参照）から，相手を感じ取る方法についてさらに詳しく考えてみましょう．

## 誰かの世界を知ること

### 現象的場と内的準拠枠（内部的照合枠）を知る

　他者の思いやその感情を知る際，他者の世界を知る必要があります．この世界とは各個人に特有な個人的な世界です．こうした個人的かつ主観的な世界は現象的場（phenomenal field）とよばれます．これは自己概念（第Ⅰ章「5 自己概念と自己イメージ」，p.45参照）に近いもので，さまざまな経験から得ることができる，自分に関する莫大な情報が詰まった場所（こころの袋）です．

　そして，ある経験は，そのまま現象的場に入るわけではなく，個人の基準をとおして現象的場に入ります．この基準が内的準拠枠（internal frame of reference）です．内的準拠枠については以下のように説明されます．

〈内的準拠枠〉
　内的準拠枠は，個人の主観的な世界にあって，それを十分に知っているのは彼だけである．他人は，それを感情移入的（共感的）に推しはかる以外は，決して知ることができないものである．しかも，そのようにしても，完全に知ることができない．

　現象的場・内的準拠枠とも第Ⅰ章「6 人間とは何か」（p.52）で説明しましたが，共感や傾聴を考えるうえでも欠かすことのできない大切な概念です．

　われわれはいろいろな経験をしながら，他者とのコミュニケーションをとおして，豊かな人間性を培い，日々発達しています．こうした経験は個人的かつ主観的な経験です．たとえば"こうしなくてはいけない"などといった個人の価値基準は，個人のさまざまな経験により培われる個人的・主観的な基準です．そして，現象的場にはこうした個人的・主観的な価値基準をはじめとした，経験によって培われた多種多様な事象が

詰まっています．

　日常生活で対話する相手がもつ，考えや価値基準を完全に知ることが難しいように，"こころの袋"の中身は外から観察して完全に知ることは難しいものです．したがって，われわれが他者の本質的な理解をめざす際，その他者がもつ個人的で主観的な思いが詰まっている"こころの袋"の中身や，それをつくり出す個人の基準を，できるかぎり知る努力が求められます．そして，"あたかも自分のことであるかのように"他者の"こころの袋"の中身や基準を感じ取り，他者の個人的・主観的な世界を自分も体験することが，共感なのです．

## 共感することはできるのか

　誰かのメッセージを受け取る際，傾聴し共感することが欠かせない大切な態度であることは，これまで述べたとおりです．そして，カウンセリングを行う際にも，クライアントに共感することが重要なテーマとなります．しかしながら，共感することが「難しい」と感じることも多々あります．私自身，多くの経験があるとはいえませんが，さまざまなクライアントと向かい合い，共感することをテーマとするカウンセラーです．"共感できるよう心がけている"ことは間違いありません．しかし「カウンセリング場面で完全に共感できているか」と尋ねられたら返答に窮してしまいます．

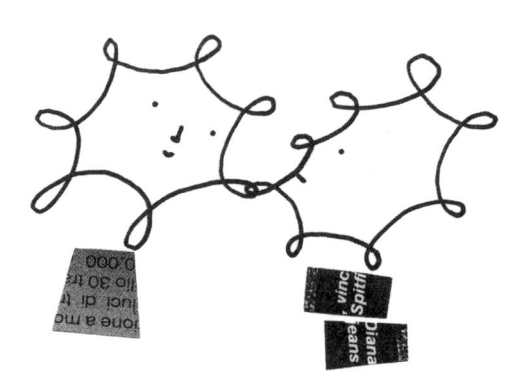

共感できているか否かはコミュニケーションを築く相手が判断することのように感じています．言い換えれば，本質的に共感できたか否かは自分が判断するのではなく，"自分と接する相手"が判断するものといえるでしょう．
　より豊かなコミュニケーションを築くうえで，他者のメッセージに傾聴し共感することは容易なことではありません．しかし，それらの姿勢をもつことで，そのメッセージは少なからず他者に伝わるのではないでしょうか．
　以下は看護師Kさんの例です．この例で共感するとはどのようなことなのでしょう．

### 友人Lさんの衝撃的な行動に直面した看護師Kさん

　KさんにはLさんという親友がいます．LさんはKさんを頼りにしています．あるとき，Lさんは悩みをかかえKさんに相談をもちかけました．
　Kさんの話によると，「Lさんは頻繁にリストカットを繰り返し，そのたびに自分にメールや電話で連絡し，助けを求めてくる」とのことです．そして「連絡があるたびに私にできることはないか考えるのですが，いいことは何も言えません……．親友なのに，こんな自分が情けないし，どう相談にのればいいでしょう」と，困惑にも似た疲弊した状態です．

リストカットという問題をかかえるLさんはおそらく苦しいでしょうし，ある種，衝撃的ともいえる行動を目の当たりにしたKさんも「なんとかしなくては」と思い悩んでいます．こうしたなか，衝撃的な行動はなかなかやむ気配がなく，周囲の人も疲弊してしまうことがあります．難しい問題です．

　リストカットにかぎらず，さまざまな問題の背景には，心理的状態や環境的状況が複雑にからみあい，潜在しています．臨床場面においてさまざまな心理・行動的な問題に対するカウンセリングを行う場合も，その複雑にからみあった問題の背景を解きほぐすことに時間をかける場合もあり，そう単純には解決しないものです．

　さて，Kさんのように問題をかかえた人が近しい人であれば，なおさら「なんとかしなくては」といった気持ちになることは当然のことです．それでは，われわれにできることはあるのでしょうか．

　問題の背景にさまざまな"複雑さ"が潜んでいるのであれば，解決策を提示することは難しいように思えます．Lさんの問題の背景にも"複雑さ"が存在しており，Kさんはその"複雑さ"を瞬時に解決しようとして，"自分には何もできない"といったLさんへの罪悪感にも似た疲弊感をもっているようにみえます．

### 傾聴・共感に徹すること

　ここで，われわれにできることをあげるとすれば，"何かしようとするのではなく，傾聴・共感に徹する"ことではないでしょうか．Kさんの例では，Lさんの送ってくるメッセージに耳を傾け，Lさんの"こころの袋"の中身をできるかぎり正確に感じ取ることができるよう配慮することが大切です．傾聴・共感のプロセスで，もしもLさんが「Kさんは私に共感してくれているな」と感じ取ることができれば，Lさんの緊張感が解きほぐされるかもしれません．傾聴・共感する姿勢を向けてくれる他者の存在は，問題解決の手がかりになることがあります．

　また，傾聴・共感のプロセスでは，他者の内的準拠枠や現象的場を垣

間みることができる瞬間があるかもしれません．もし，Kさんがこの瞬間に出会えるなら，Lさんに対する理解は促進することでしょう．

　加えて，忘れていけないことは，他者の大きな悩みや衝撃的な行動に影響を受け過ぎて，自分を失わないということです．他者がもつ問題によっては，その問題に翻弄され自分自身も消耗し，とてつもない疲労感を感じることがあります．

　まるで，こころのエネルギーを吸い取られているように感じることもあります．これでは共感も傾聴もすることはできません．こうした場合には，その他者と距離をとり（相手のもつ問題と距離をとり），たとえば専門機関への来談を勧めるなどの方法をとるとよいでしょう．

＊

　ここでは，相手を知りその相手の世界をあたかも自分の世界であるかのように感じ取る"共感"について考えました．"共感"することは難しいことですが，"共感"する姿勢が大切です．

　日常生活のなかで無理に"共感"することは必要ではないかもしれません．必要なことは，"共感"とは何かを一度じっくり考え，コミュニケーション場面において"共感"のエッセンスを用いることなのです．

## 6 対人支援と臨床心理学②
# 来談者中心療法

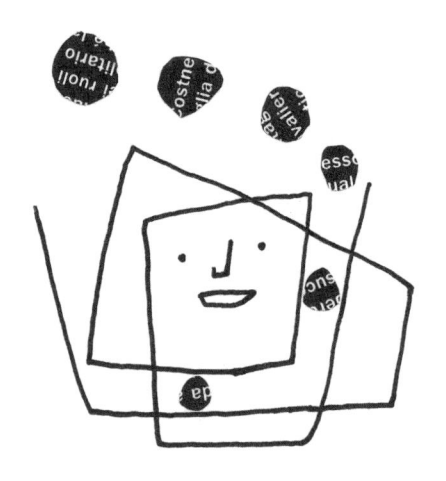

　他者を支援する際，その人の立場に立ち（共感），その人の話に耳を傾け（傾聴），問題を整理することが求められます．そして，こうした営みはカウンセリングとよばれ，カウンセリングは専門的な理論や方法に則って構築される固有の人間関係を営むプロセスです．

　カウンセリングを実践する際，その基本的な考え方や姿勢を学ぶことは必要不可欠です．そして，基本的な考え方や姿勢を学ぶ一助となるものに来談者中心療法があります．ここでは，これまでに紹介したロジャーズの理論を振り返り，来談者中心療法について紹介します．

## カウンセリングとは何か

　カウンセリングは一般的に，「こころの相談」と理解されることが多いかもしれません．しかしながら，「カウンセリング」という用語の意

味は多様であり，カウンセリングについて，一義的な定義を紹介することは難しいものです．したがって，「カウンセリングはこころの相談である」と簡単にまとめることもできません．

一方，カウンセリングについて以下のようにも定義づけられています．

- カウンセリングとは，言語的および非言語的コミュニケーションをとおして行動の変容を試みる人間関係である(國分，1979)[1]
- クライエントが直面している，または直面する可能性のある顕在的または潜在的なこころの問題に対処するための行動変容を心理的に支援する目的で行われるコミュニケーションである(楡木，2005)[2]

また，日本カウンセリング学会定義委員会による定義[3]をみると，カウンセリングの範疇は非常に幅広いことがわかります．

〈カウンセリングの定義〉（日本カウンセリング学会定義委員会，2004）
カウンセリングとは，カウンセリング心理学等の科学に基づき，クライエント（来談者）が尊重され，意思と感情が自由で豊かに交流する人間関係を基盤として，クライエントが人間的に成長し，自律した人間として充実した社会生活を営むのを援助するとともに，生涯において遭遇する心理的，発達的，健康的，職業的，対人的，対組織的，対社会的問題の予防または解決を援助する．すなわちクライエントの個性や生き方を尊重し，クライエントが自己資源を活用して，自己理解，環境理解，意思決定および行動の自己コントロールなどの環境への適応と対処等の諸能力を向上させることを支援する専門的援助活動である．

また，豊かな社会生活は人の主体的生き方を保証する条件であり，人の福祉に貢献する条件でもある．つまりカウンセリングは社会的環境と密接に関係しており，カウンセラーは，調和のとれた人間関係，集団，組織および社会の維持や改善など，社会環境の整備に貢献する．

以上をまとめると，カウンセリングは幅広くこころと行動の問題を取り上げ，それを支援する方法であるといえます．ここでは，支援する対象者の立場に立ち，問題解決のために，支援対象者の発する言語的・非言語的なメッセージを注意深く受け取ることが基本的な姿勢として求め

られます．そして，このような基本的な姿勢について学ぶ際，欠かせないものが来談者中心療法なのです．

## 来談者中心療法とは

　来談者中心療法（person centered approach）はロジャーズによりまとめられた心理療法で，その前提は「人間は人間らしさ（human-beingness）に向かって進む志向性がある」といった考えです．

　ロジャーズは，心理臨床分野（カウンセリングの技法を用いて心理・行動的問題を支援する心理学の一学問分野）において実証的研究（概念化・公式化することで客観性・一般性を追究する研究）を行った第一人者であり，すぐれた心理臨床家でした．実証的研究の成果として，自己理論（第Ⅰ章「6 人間とは何か」p.52，「7 自分とは何者か――こうありたい自分」p.58，第Ⅱ章「5 他者の立場に立つ」p.123参照）などを提唱し，人間を本質的に理解するための有効な手段を提供しています．

　来談者中心療法は，1つの体系化された心理療法と位置づけることができます．また，さまざまな心理療法（たとえば第Ⅱ章「7 行動療法・認知行動療法」，p.138参照）の基盤となる考え方や姿勢を示す"対人支援，カウンセリングの基盤"となるものともいえます．

　たとえば問題行動を呈し，その問題行動に悩んでいる人を支援する際，問題行動を明確化し，改善することは一つの目標となります．しかし，問題行動がなぜ発現し維持されているのかを考えるうえで，その人の日常生活や背景を十分に知る必要があります．したがって，問題行動に悩む人に共感しながら傾聴することが求められます．

　実線部分については，これまでも紹介してきました．つまり，共感や傾聴の必要性を十分加味してまとめられたものが来談者中心療法であり，さまざまな心理療法の基盤に位置づけることができます．

## 支援対象者のどこに共感し，何を聴くのか

　対人支援を行う場合，もちろん対人理解は必要不可欠です．そして，来談者中心療法は対人理解を深め，支援を実践するうえで有効な方法です．

　来談者中心療法では，他者（クライエント）を知るために，前項で説明した現象的場や内的準拠枠を理解することを重視します．

　さらに，来談者中心療法の基礎にあるのは自己理論では，健康的な心理状態を保つために，現象的場の一部として認識される自己（ある種，理想的ともいえる自己）と，実際の経験とが一致すること，すなわち自己一致（congruence of self and experience）が必要であると考えます．

　以上のことから，支援を実践する際，支援対象者の"内的準拠枠を聴き"，内的準拠枠をとおして保有される現象的場を感じ取り，"内的準拠枠や現象的場"を，あたかも自分のものであるかのように受け取ること（共感すること）が肝要といえます．

　ごく簡単に言い換えれば，その人の主観的基準や自己に対するイメージを聴きとり（傾聴），支援者は，支援対象者がもつ基準や情報を自分自身で使い考える（共感）といったことになります．

## 求められる条件

　来談者中心療法では，支援の対象となる人の建設的なパーソナリティの変化を目的に支援が行われます．そして，建設的なパーソナリティとは，本来人間がもつ「生きることを志向する健康的なパーソナリティであり，より自己一致した状態」です．

　建設的なパーソナリティの変化を促進するために，支援者の態度として3つの重要な条件があげられています．第1が自己一致（純粋性），第2が無条件の肯定的配慮や積極的関心（無条件の受容），第3が共感的理解です（表8）．

　基本的な3つの条件を満たすためには，治療者の自己研鑽はもちろんのこと，積極的に傾聴する態度を身につけ，専門家として支援対象者の

表8 来談者中心療法における支援者の重要な条件

| | 支援者の態度 | 内容 |
|---|---|---|
| 1 | 自己一致(純粋性) | 支援する者がその場における自身の感情に気づき,それを受け入れている状態 |
| 2 | 無条件の肯定的配慮や積極的関心(無条件の受容) | 支援する者の考えに合致した場合だけ受け入れるのではなく,支援対象者によらず受け入れること |
| 3 | 共感的理解 | 支援対象者の悩みを"あたかも自分のことであるかのように"理解すること |

立場に立った支援を心がけることが必要不可欠です.

## 自己一致は誰がする？

　臨床心理学に関連する科目の試験を実施する際,よく「カウンセリングプロセスのなかでは自己一致が求められる.自己一致を促進することが望ましい者は誰か,その理由とともに記述せよ」といった問題を出題します.

　解答は多種多様ですが,支援の対象となる人(患者やクライエントとよばれる人)の自己一致を促進する必要性が述べられ,その理由として,自己理論があげられることが多くあります.もちろん正解ですが,100点ではありません.

　自己一致は支援の対象者のみならず,支援者にも求められます.前述のとおり,支援(来談者中心療法の立場からのカウンセリング)を行う場合,共感することが重要な条件となります.共感する際,支援者自身が理想的な自己や現実的な自己を知り,そこで生じる問題について,ある程度客観的に把握することが求められます.完璧に自己一致することは難しいことですが(第Ⅰ章「7 自分とは何か——こうありたい自分」p.58参照),支援者が自分自身をより客観的に把握することで,支援対象者によりよく共感することができます.誤解を恐れずにいえば,自分のことをわかる(もしくはわかる努力をする)ことで,他者の感情や状況に流されずに他者の立場に立つことが,いっそう可能となります.

## 来談者中心療法で問題解決!?

どのような心理療法でも，ある人が有する問題を完全にきれいさっぱりと解決することは難しいと言わざるをえません．来談者中心療法も例外ではなく，来談者中心療法のなかでまとめられているスタンダードな方法を適用したとしても，即，問題解決には至りません．

しかしながら，問題解決の糸口をみつけることや，一人かかえていた想いを浄化(カタルシス)することなどに奏功します．以下，来談者中心療法の立場から実施したカウンセリングの例です．

### つらさを発散するMさん

Mさんは女性で，小学校3年生になる息子をもつ母親です．同居する家族は，ご主人とご主人の両親，息子です．初回カウンセリング時の主訴は，子どもの教育に関することで，「学校の勉強についていくことができない」といったものでした．なお，お子さんの生育歴などについても尋ねましたが，特段問題はなく，器質的にも異常は認められないとのことです．

Mさん自身が「自分の育て方が悪かったと」と強く認識し，自責の念を感じている様子です．子どもの問題をかかえる養育者を対象とした相談では，自分自身に対する自責の念や後悔の念を強くもつ方も多く，孤軍奮闘しながら悩みを大きくしている場合も多々あります．その後，家族の様子を伺いました．どうやら，Mさんは，日ごろから"育て方が悪い"というメッセージを家族から受け取っていたようです．

以上のほかに，さまざまなお話をMさんからうかがいましたが，Mさんはこうした悩みを誰にも打ち明けることなく，子どもに対する心配と，家族に対してもつ怒りにも似た感情を日々もちつづけている様子です．

ある日，Mさんは家族に対する嫌悪感や夫の非協力的態度に関する思いを，強い語調で話しはじめました．怒りに満ち，ときには涙を流しながら語ります．その日の面接が終わり，翌週，Mさんはいつもよりも多

少晴れやかな様子でカウンセリングに訪れました．そして，「いつも文句ばかり言う，……文句しか言わない姑に，私なりの考えを伝えようと思います」と穏やかに話しました．

＊

カウンセリングのターゲットは，息子さんではなく，おそらくMさんと姑との関係，家族関係ということになりそうですが，家族の関係をカウンセリングで扱うためには時間を要します．Mさんとの数回のカウンセリングのなかで，来談者中心療法を用いた私は何ができたのでしょうか．

問題の本質的な解決はできていないと感じていますが，家族に対する不平不満を言えないといった日常生活のなかで，それを発散できる場（浄化できる場）は提供できたように感じます．そして，何よりカウンセリングは，Mさんがどう感じたかを考えることが大切です．おそらくMさんにとって数回の面接は（話をするだけだったかも知れませんが），価値のあるものだったのではないでしょうか．

## 対人支援と臨床心理学③
# 行動療法・認知行動療法

　これまで，さまざまな心理療法が開発され，その効果が検討されています．とくに行動療法や認知行動療法は，より体系化された方法であり，治療効果についても実証的研究が蓄積されています．また，2010年4月，診療報酬の改定に伴い，認知療法および認知行動療法が保険点数化されました．このことから，認知療法や認知行動療法が，"効果のある治療"と認められたものと考えることもできます．ここでは，行動療法と認知行動療法について紹介します．

## 行動療法とは

　行動療法は行動理論（第Ⅰ章「4 行動から理解する」，p.34参照）に基づいた技法です．行動理論では，ある刺激がある行動を引き起こすこと（刺激→行動の図式）が前提です．そして，行動療法では，"ある問題行動を変容させる"ことや"行動をセルフコントロールすること"がテーマと

なります．ある問題行動をコントロールするためには，その問題行動を生じさせている刺激をピックアップし，統制する必要があると考えます．

行動療法的な技法は，トークンエコノミー法や系統的脱感作など多数存在し，体系化されています．トークンエコノミー法を簡単に紹介すると，望ましい行動が出現した際にトークン（報酬）を与えることで，その望ましい行動を学習させることを指します．

たとえば，夏休みのラジオ体操などを思い出してください．私は率先してラジオ体操に行く子どもではありませんでしたが，"なんとなく"ラジオ体操に参加した思い出があります．それはなぜか．参加するとシールがもらえたから，行きたくなくても"なんとなく"参加していたように思います．

このように，ある行動を持続させるためにその行動が生じた場合に，トークンを与える手法がトークンエコノミー法です．トークンエコノミー法を用いる過程では，小さな目標を掲げることが肝要です．「解決なんてできない！」と感じる大きな問題行動は，まさに解決することが難しい問題です．しかし，小さな問題行動から段階的に解決し，トークンを得ることを繰り返すことで，最終的に大きな問題行動の解決が可能となることがあります．

### 緊張してしまうNさん

> Nさんは「過度に緊張してしまう」という悩みをもっています．よく聴いてみると，過度に緊張してしまう状況は，"職場"に限定されているとのことです．また，緊張とともにもつ感情は恐怖にも近く，対人関係場面を避ける傾向にもあり，できるなら緊張感なく仕事に励みたいそうです．

行動理論の観点から，Nさんの悩みを考えてみましょう．前提として，「職場（刺激）→仕事をする（行動）」の図式があります．Nさんは以前，同僚の前で上司から叱責されるという経験をしたそうです．これは，"職場（刺激）と上司からの叱責（新しい刺激）が対提示され，恐怖感

情が喚起されている状態"です．そして，「職場(刺激)→恐怖で緊張が高まり避ける(新しい行動)」の図式が成立していると考えることができます．

　Nさんの願いである職場で緊張感なく仕事をすることをめざすためには，「職場→恐怖で緊張が高まり避ける」という図式を変えていく必要があるでしょう．そこでまず，緊張感を引き起こす事象(以下，問題とします)をことこまかにいくつもあげてもらい，こうした問題を引き起こす個々の刺激を探します．

　そして，いくつもの問題と問題を引き起こす刺激(以下，刺激とします)をあげることができたら，それらを順に並べます．最も緊張感を感じない事象(たとえば，お風呂に入っているときなど)を0点，最も緊張感を感じる問題を100点とします．そして，0～100点のあいだにさまざまなこまかい問題を置き，得点をつけます．これは不安階層表とよばれるもので，その後，各問題やその問題に関する刺激に対処します．通常，低い点数のものから対処します．そして，対処に成功した場合にはトークン(報酬)を与え，最終的には，100点(最も困難な問題やその刺激)を解決することを目標とするといったものです(表9)．

　子どもを対象にこうした方法を用いる際，トークンとしてキャラクターのシールなどを用いることがありますが，Nさんの場合，"対処できる経験"がトークンとなったようです．その後，小さい問題に対処すること(具体的には同僚との関係のなかで生じる弱い緊張感をほぐす)をとおして，職場における緊張感は多少低減した様子です．

　行動療法的アプローチの功績なのか，Nさん自身が職場の対人関係に慣れたのかは不明ですが，Nさんは"主観的"に満足しています．よしとしましょう．

　行動理論は，問題を端的にとらえることが可能です．しかし，大切なのは，みえないこころの部分(主観)であることに間違いはありません．問題となる行動が修正されることは望ましいのですが，行動をつかさどる主観的部分をできるかぎり扱うことはやはり必要です．

表9　不安階層表の作成

| 段階 | 場面 | SUD（点） |
|---|---|---|
| 0 | （全く不安を感じない状況）入浴中 | 0 |
| 1 | 自宅で電車の警笛を聞く | 2 |
| 2 | 満員電車が走る様子を観察する | 15 |
| 3 | 電車に乗る練習のため，自宅から駅に向かう道を歩く | 28 |
| 13 | 自宅の最寄り駅から各駅停車に乗り，10駅先で下車する | 93 |
| 14 | 自宅の最寄り駅から急行に乗り，次の駅で下車する | 95 |
| 15 | 電車に乗って目的地まで行く | 100 |

＜不安階層表作成の手順＞

①テーマとなる不安を細分化する

　ここでは，さまざまな不安場面を多くあげ，カードにします．小さい不安から大きい不安まで，そのテーマにかかわる不安をあげますが，不安の数が少ないと，不安階層表をつくることが難しくなります．したがって，だいたい10個以上の不安があがるとよいでしょう

②不安のカードを強度順に並べ，得点をつける

　ここでは，全く不安を感じない場面のカードを左側に配置，最も不安を感じるカードを右側に配置し，そのあいだに残ったカードを不安の強度順に配置していきます．並べることができたら，各カードに得点（SUD：subjective unit of disturbance）をつけます．この得点は主観的に評価される不安の得点であり，0点（全く不安を感じない場面）～100点（最も不安を感じる場面）で表現されます．0～100点のあいだに配置されたカードの得点は，何点刻みといった制約はなく，0点のあとに1点が配点されても，0点のあとに50点が配点されてもかまいません

③カードの配置と得点を確認し，不安階層表を作成する

　カードの配置と得点は，何度でも修正することができます．一度並べて得点をつけたとしても変えたい配置・得点があれば，最終調整します．そして配置と得点を確認したあと，不安を喚起される場面と得点を不安階層表に書き入れます

# 認知行動療法とは

　認知行動療法は，認知や行動に関与する技法を組み合わせた治療パッケージであり，多くは医療機関や相談機関などの専門機関で医師や心理士などによって施行される方法です．また，問題をセルフコントロールすることを最終目標とします．各人がもつ問題が大きい場合，専門機関の来談をお勧めします．

　認知行動療法の概要を知ることで，自分自身の行動や認知の問題に関与（セルフコントロール）できる可能性も大いにあります．

刺激をどのように受け取るか，その受け取り方（認知）によって行動は変容します．認知は個人的・主観的なものです．他人の認知を修正することは困難です．行動に問題が生じ，認知の修正を試みる場合，その個人の内発的動機づけ（やる気や意識など）が多分に影響を与えます．本人が変わろうとしたとき，それは，個人的で主観的な認知が修正されるタイミングのように感じます．

### 認知に関与する
　行動に関与する体系的方法として先に紹介した行動療法などがあります．一方，認知に関与する体系的方法の代表としては認知療法があげられます．以下，認知療法について紹介します．
　認知療法は，ベック（Beck, A. T., 1921～）により開発された心理療法であり，思考スタイル（認知）に関与することを目的とした心理療法です．認知療法のプロセスでは，思考スタイルのみならず，感情や行動面に関する問題を解決することも目的としています．
　認知療法を導入する際，支援対象者と支援者との関係性に重点を置き，相互に協力関係を維持しながら，支援対象者の認知的側面（思考や感情）を扱います．したがって，認知療法を実施するうえで，第Ⅱ章「6 来談者中心療法」（p.131）で紹介した来談者の立場に立ったカウンセリングは必須となります．
　認知療法では，不適応状態の発現・維持の背景に，"スキーマ"，"特徴的な思考"，"自動思考"を置くことが特徴です．"スキーマ"とは，根底にある価値観であり，日常で用いる"特徴的な思考"をつくります．そして"自動思考"とは，ある瞬間に突然フッと浮かび上がる考えであり，自動思考に伴って，否定的感情や問題となる行動が生じます．"特徴的な思考"とは「～だ，～である」思考や白黒二極思考などで，日常的に用いられる，自分を苦しめる考え方です．
　たとえば，「自分は完璧な人間だ」といったスキーマが，「自分は他人から高い評価を受けるべきだ」という思考をつくり上げている状況で，

**表10　認知療法の手順**

| 初期段階：症状の定式化 |
|---|
| 症状の定式化では，問題とする状態の発生・維持要因を検討し，発生・維持要因に対する介入法を検討し，その介入を行うことで改善するか否かを仮説的に検討する．また，ここでは発生・維持要因をはじめとする問題の背景を整理するため，患者と治療者が協同して，問題リストを作成することもある |
| 中期段階：自動思考の修正 |
| 治療中期の段階では，時間の構造化を促進しながら，自動思考の修正を試みる．日常生活において患者に思考や感情，行動のセルフモニタリングを求めることもある |
| 最終段階：スキーマの修正とセルフコントロール |
| スキーマを変えることは簡単ではない．ここでは，スキーマを言語化することで，そのスキーマが妥当であるか否かの確認を行う．また，妥当なスキーマであるか否かについて論理的な解説を行うこともある．加えて，最終段階では，現実の生活場面における対処法を学ぶことも目的となり，ここでは，行動療法的なアプローチを用いることもある |

他人から高く評価されない経験を通し，「自分は最低だ，自分は消えてしまったほうがましだ」などという自動思考が浮かび，落ち込むなどといった一連のプロセスを認知療法では想定します．

## 認知療法の手順

　認知療法は，うつ（第Ⅱ章「8 うつ状態とうつ病」，p.147参照）やパニック障害，パーソナリティ障害や摂食障害に対する効果が認められています．認知療法を適用する際，スキーマや自動思考を修正し，適切な感情や行動が生じるように方向づけることが目的となり，治療の初期段階では症状を定式化します．

　治療の中期段階では，日常生活の記録や行動・思考をセルフモニタリングする段階に入ります．さらに治療の最終段階では，自動思考の背景となるスキーマの修正を目標とし，日常生活で適応的な考え方を使うことができるように（セルフコントロールが可能となるように）なることが目標となります（表10）．

### 認知療法を適用したOさん

　Oさんは摂食障害をかかえる若い女性です．摂食障害は思春期・青年期の女性を中心に増加する食行動の問題（過食嘔吐や拒食）です．Oさんの場合，過食嘔吐と下剤乱用を問題行動として有し，体重が増加することに対する恐怖心を強くもっている状態です．

　Oさんの問題行動（嘔吐や下剤乱用）が出現する状況を尋ねると，"食物を摂る状況"と"ストレスを感じる状況"のキーワードがあげられました．なんらかのストレスを感じる状況で，大量の食物を摂取してしまうといった状況です．また，その状況における気分などを尋ねると，「食べているときと吐いているときは無心……，吐いたあとは空虚感や罪悪感に襲われる」とのことです．

　食行動の問題は，その問題を引き起こし，維持する要因が複雑に絡み合い，端的に説明することは困難です．こうした問題を有するOさん自身も，「この苦しさから逃れたい，しかし逃れることができない」といった苦しみをかかえています．

　さて，Oさんに「食べているとき，また，食べ終わったあとにどんな考えが浮かびますか？」と尋ねました．するとOさんは，「無心で食べているんですが，食べると太ってしまうといった考えが浮かびます」と応えてくださいました．"食べると太る"といった考えが浮かぶ，これが自動思考だと考えてください．

　過剰な食物摂取が健康を害してしまうことは確かです．しかしながら，ちょうどよい量を食べることは，われわれが生命を維持するうえで欠かすことができませんし，食べた物のすべてが脂肪となり体重が増えるなども妥当な考え方ではありません．

　カウンセリングを継続する過程で，Oさんの問題に関する情報を収集し，認知療法の初期段階である症状の定式化を試み，Oさんとともに確認しました．ここで，Oさんの自動思考を引き起こすスキーマが明らかになりました．そのスキーマは「自分は他者から評価されなくてはなら

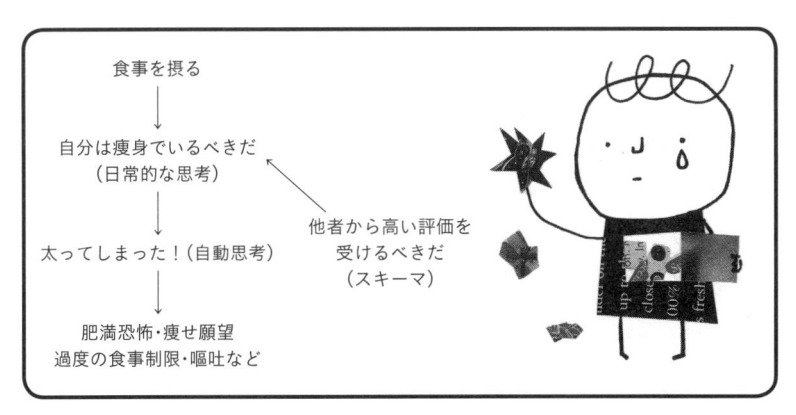

```
┌─────────────────────────────────────────────┐
│     食事を摂る                               │
│        ↓                                     │
│   自分は痩身でいるべきだ                     │
│   （日常的な思考）        他者から高い評価を │
│        ↓                  受けるべきだ       │
│   太ってしまった！（自動思考） （スキーマ）  │
│        ↓                                     │
│   肥満恐怖・痩せ願望                         │
│   過度の食事制限・嘔吐など                   │
└─────────────────────────────────────────────┘
```

ない」，そしてスキーマからつくり上げられている特徴的な思考は「評価されるためには痩せていなくてはならない」といったものです．摂食障害は，"痩身が高価値である"などといった社会文化的影響を強く受け引き起こされる場合もあります．

　Oさんがこうした社会文化的影響を受けているのなら，自分の価値を高めるために「痩せなくてはいけない，痩せるべきだ」というかたい思考をもつことも理解可能です．

　そして，Oさんの自動思考が妥当なものか否か確認するために，"1週間，食事と体重のモニタリングをする"という宿題（ホームワーク）を出しました．自身の行動をセルフモニタリングする方法は行動療法的な方法ですが，認知療法を実践する過程で，行動療法的な方法を採用することもよくあります．

　1週間，Oさんは過食嘔吐を随分がまんし，食事量と体重をモニタリングしました．その結果，体重が過剰に増大することはなく，現体重が持続することが明確化しました（したがって，Oさんがもつ自動思考は，妥当なものではないということになります）．また，この結果をふまえ，より妥当な考え方をOさんとともにできるかぎり出し，日常生活で使用できるような考え方とは何かについて話し合いました．

　摂食障害を治療・支援するうえで，過度の肥満恐怖や体重増加に対する嫌悪感，本人が有する身体像（ボディイメージ）を扱うことは必要不可

欠です．しかし，本当に扱わなくてはならないことは「なぜ，過剰なまでの痩身体を得ることを切望するのか」といったことです．Oさんの場合，BMIは18.5未満（痩せ体型）であり，すでに痩身です．また，多少ふくよかになったとしても肥満とはいえない体型です．

「なぜ，痩身体を得るのか」については，カウンセリングを続けながらその背景にある本質を理解する必要があります．詳しいカウンセリングプロセスは割愛しますが，Oさんの場合，"他者評価に過剰な意識を向けること"が痩身体を得たいという欲求の背景に存在していました．

"痩せること＝他者から高い評価が得られる"，この関係がOさんの堅い思考と仮定すると，この思考が食事を摂った際の自動思考を生む原因になっていると考えることができます．そして，Oさんの思考を修正する段階に入りました．前述のとおり，思考（スキーマ）を修正することは非常に難しいことです．Oさんも，自身がもつ考え方に直面し，それを受け入れることに難しさを感じている様子です．「自分の信念が妥当ではないことはわかっているけど……」といった感じです．

Oさんにとって，痩身を手に入れ他者の評価を高めることは，特定の誰かの評価を高めることにとどまらず，不特定多数の他者評価を高めることです．痩せたとしても世界中の全員に高評価を受けることは不可能です（第Ⅰ章「7 自分とは何者か——こうありたい自分」，p.58参照）．しかし，長期間，意図的にも無意図的にも使ってきた自分の"考え方"や"信念"を手放すことや修正することは容易ではありません．

さて，その後のOさんですが，過食嘔吐や下剤乱用について寛解したかというと，その頻度は減りましたが，完全に治まるには至りませんでした．しかし，Oさんなりに自分の問題とうまくつきあう方法を手に入れることができたようです．

自分の問題とうまくつきあう方法を手に入れることは，セルフコントロール法を手に入れることと同義といえます．行動療法や認知療法のみならず，さまざまな心理療法を経験し，さまざまな個人特有の"つらさ"とうまくつきあうことが大切です．

# 8
## 対人支援と臨床心理学④
# うつ状態とうつ病

近年，うつ状態やうつ病といった，こころの問題がクローズアップされ，セルフケアを行うことや気分の落ち込みを訴える他者を支援することが急務となっています．現代社会において，こころの問題を無視することはできません．また，メンタルヘルスを保持・増進することに対する社会的需要は高まり，自身の心身の健康を維持することも求められています．ここではうつ状態，うつ病を取り上げます．

## 気分の落ち込み——うつ状態とうつ病の違い

日々の生活のなかで"気分の落ち込み"は，程度の差こそあれ，誰もが経験することだと思います．しかし，"気分の落ち込み＝うつ病"とはかぎりません．

なんらかのできごとを経験し，そのできごとが自分にとってネガティブである場合，気分が落ち込むことは自然な現象です．そして，気分が

落ち込んでいる状態であっても，そこでポジティブな経験をすることができれば，落ち込みは嘘のようになくなることもあります．これも自然な現象です．

このように，落ち込んだとしてもそう長くは続かず，平常の状態もしくはよりポジティブな気分へと変化する場合，この落ち込みは"うつ状態"とよぶことができます．

したがって，うつ状態は人間にとって，決して珍しいものではない自然な体験といえます．一方，気分の落ち込みが長期間にわたって続き，心身に不調をきたす場合もあります．こういった場合は，もしかすると"うつ病"かもしれません．

うつ病か否かは，うつ病の診断基準やスクリーニングテスト（うつ病の傾向を測定する簡易的な心理検査など）に従って判断することがあります．ここでは，DSM（diagnostic abd satistical manual of mental disorders）という診断基準を紹介します（表11）．DSMは米国精神医学会で作成された診断基準で，改訂が続けられ，現在ではDSM-5（第5版）[1]が用いられています．ちなみに，TRはtext revision（改訂版）の意です．

DSM-5では，うつ病はうつ病／大うつ病性障害とよばれます．

そして，診断基準で示される特徴（表11）のうち，少なくとも"5つ以上"，"2週間のあいだ"みとめられる場合，うつ病の可能性を疑います．そして，過去はどうだったか，ここのところ状態はどう変化しているかなど，多角的に評価し，うつ病の可能性を探ります．

しかし，明確に診断する場合，専門医の判断を仰ぐ必要があります．したがって，「自分の特徴にマッチする」といったことがあっても，そこで心配しすぎず，まずは専門機関へ来談することをお勧めします．

まとめると，うつ状態は誰しもが体験する可能性がある気分の状態であり，うつ病は決まった特徴（5つ以上の心理行動的特徴）が一定期間（2週間以上）継続して体験され，過去の落ち込みの状態や，状態の変化などから評価されるものということになります．

## 表11　うつ病／大うつ病性障害（DSM-5より抜粋）

A. 以下の症状のうち5つ（またはそれ以上）が同じ2週間の間に存在し，病前の機能からの変化を起こしている．これらの症状のうち，少なくとも1つは（1）抑うつ気分，または（2）興味または喜びの喪失である．
　　注：明らかに他の医学的疾患に起因する症状は含まない．
（1）その人自身の言葉（例：悲しみ，空虚感，または絶望を感じる）か，他者の観察（例：涙を流しているように見える）によって示される，ほとんど1日中，ほとんど毎日の抑うつ気分
　　注：子どもや青年では易怒的な気分もありうる．
（2）ほとんど1日中，ほとんど毎日の，すべて，またはほとんどすべての活動における興味または喜びの著しい減退（その人の説明，または他者の観察によって示される）．
（3）食事療法をしていないのに，有意の体重減少，または体重増加（例：1ヵ月で体重の5％以上の変化），またはほとんど毎日の食欲の減退または増加
（4）ほとんど毎日の不眠または過眠
（5）ほとんど毎日の精神運動焦燥または制止（他者によって観察可能で，ただ単に落ち着きがないとか，のろくなったという主観的感覚ではないもの）
（6）ほとんど毎日の疲労感，または気力の減退
（7）ほとんど毎日の無価値観，または過剰であるか不適切な罪責感（妄想的であることもある．単に自分をとがめること，または病気になったことに対する罪悪感ではない）
（8）思考力や集中力の減退，または決断困難がほとんど毎日認められる（その人自身の言明による，または他者によって観察される）．
（9）死についての反復思考（死の恐怖だけではない），特別な計画はないが反復的な自殺念慮，または自殺企図，または自殺するためのはっきりとした計画

B. その症状は，臨床的に意味のある苦痛，または社会的，職業的，または他の重要な領域における機能の障害を引き起こしている．

C. そのエピソードは物質の生理学的作用，または他の医学的疾患によるものではない．
　　注：基準A〜Cにより抑うつエピソードが構成される．
　　注：重大な喪失（例：親しい者との死別，経済的破綻，災害による損失，重篤な医学的疾患・障害）への反応は，基準Aに記載したような強い悲しみ，喪失の反芻，不眠，食欲不振，体重減少を含むことがあり，抑うつエピソードに類似している場合がある．これらの症状は，喪失に際し生じることは理解可能で，適切なものであるかもしれないが，重大な喪失に対する正常な反応に加えて，抑うつエピソードの存在も入念に検討すべきである．その決定には，喪失についてどのように苦痛を表現するかという点に関して，各個人の生活史や文化的規範に基づいて臨床的な判断を実行することが不可欠である¹．

D. 抑うつエピソードは，統合失調感情障害，統合失調症，統合失調症様障害，妄想性障害，または他の特定および特定不能の統合失調症スペクトラム障害および他の精神病性障害群によってはうまく説明されない．

E. 躁病エピソード，または軽躁病エピソードが存在したことがない．
　　注：躁病様または軽躁病様のエピソードのすべてが物質誘発性のものである場合，または他の医学的疾患の生理学的作用に起因するものである場合は，この除外は適用されない．

¹悲嘆を抑うつエピソードから鑑別する際には，悲嘆では主要な感情が空虚感と喪失感であるのに対して，抑うつエピソードでは，持続的な抑うつ気分，および幸福や喜びを期待する能力の喪失であることを考慮することが有用である．悲嘆における不快気分は，数日〜数週間にわたる経過の中で弱まりながらも，いわゆる"悲嘆の苦痛"(pangs of grief) として，波のように繰り返し生じる傾向はある．悲嘆の波は，故人についての考えや思い出させるものと関連する傾向がある．抑うつエピソードにおける抑うつ気分はより持続的であり，特定の考えや関心事に結び付いていない．悲嘆による苦痛には肯定的な情動やユーモアが伴っていることもあるが，それは，抑うつエピソードに特徴的である広範な不幸やみじめさには普通はみられない特徴である．悲嘆に関連する思考内容は，一般的には，故人についての考えや思い出への没頭を特徴としており，抑うつエピソードにおける自己批判的または悲観的な反芻想起とは異なる．悲嘆では自己評価は一般的には保たれているのに対して，抑うつエピソードでは無価値観と自己嫌悪が一般的である．悲嘆において自己批判的な思考が存在する場合，それは典型的には故人ときちんと向き合ってこなかったという思いを伴っている（例：頻繁に会いに行かなかった，どれほど愛していたかを伝えなかった）．残された者が死や死ぬことについて考える場合，一般的には故人に焦点が当てられ，故人と"結び付く"ことに関する考えであり，一方，抑うつエピソードにおける死についての考えは，無価値観や生きるに値しないという考えのため，または抑うつの苦痛に耐えきれないために，自分の命を終わらせることに焦点があてられている．

American Psychological Association (2013). *Diagnostic and statistical manual of mental disorders.* 5th.ed. Washington D.C.: American Psychiatric Press. (高橋三郎・大野裕（監訳）(2014)『DSM-5　精神疾患の診断・統計マニュアル』医学書院)

## うつはなぜ生じる？——自己注目

　落ち込みの体験は，メンタルヘルスを低下させる要因となります．一方，「失敗して落ち込んでも，その失敗をバネにがんばる」といった具合に，落ち込みの体験がモチベーションにつながることもあり，すべての落ち込みを解消する必要があるとはいえません．しかし，もし私たちの心身の健康をむしばむ落ち込みであれば，それは解消する必要があります．落ち込みを解消するためには，落ち込む心理的メカニズムを知ることも大切です．

　さて，あなたが何か嫌な刺激に遭遇したと想像してください．たとえば，任された仕事で失敗してしまった状況です．失敗経験を経て「もうダメだ」などといった自己否定的な感情が喚起されたとしましょう．「もうダメだ」といった自己否定的な感情に対して，あなたはどのように対処するでしょうか．大声を出して歌うことで発散，運動して汗をかくことで発散，さまざまな対処方法をもっていると思います．また，自己否定的な感情から目をそらすことで対処可能かもしれません．

　私たちは，さまざまな経験を経て，自分に関する感情を発見します．前述のとおり，失敗経験をすれば，ネガティブな感情を発見することもあります．また，ポジティブな感情を発見することも可能です．

　自分の感情を発見する過程では，自身の内的側面（感情や思考など）に注目します．この注目は自己注目とよばれ，自己注目は意図しなくても生じます．

　前置きが長くなりましたが，この自己注目とうつ状態やうつ病とのあいだには密接な関係があることが示されています[2]．とくに自己否定的な感情をもっている場合，その感情に注目（自己注目）することで，その自己否定的な感情はよりいっそう浮き彫りとなります．たとえば「もうダメだ」などといった感情が明確に認識され，強化されます．そして，ネガティブな感情がグッと明確に認識される状態は，落ち込みを導く可

能性があります．

　以上のように，自己注目はうつ状態やうつ病と関係がありますが，自己注目には欠点ばかりではなく長所もあります．ストレスを感じた場合や他者とコミュニケーションを築く場合，これまでにも紹介したとおり，自分自身を知ること（自己理解）は必須です．自己注目で自分自身の内的側面に注目し，自己理解が促進されることもあります．

　大切なのは，自己注目で認識される感情などがネガティブであった場合，とらわれすぎないことです．自分自身の内的な情報を整理し受け入れ，それにとらわれすぎないことは，自己理解と精神的成長を促進します．

## うつはなぜ生じる？——反芻

　自己注目の結果，ネガティブな感情を発見した場合，その感情はさまざまに派生し，より深く不快な感情や思考を出現させることがあります．極端な例ですが，仕事上の失敗で「もうダメだ」という感情を発見した場合，「もうダメだ」にとどまらず，「もう自分は価値がない，生きていてもしかたない」といった思考が派生し，その思考が繰り返されるといった具合です．"自分には価値がなく生きている意味がない"といった，一種破局的ともいえる思考が繰り返される状況であれば気分が落ち込むことはもっともです．

　ある思考が繰り返されることを反芻（ルミネーション）とよびます．前記の例では，"失敗＝もうダメだ＝生きている価値がない"といった図式が成立しています．

　実線部分は自己注目の結果認識され，波線部分のような思考が反芻されている状態です．このような思考が反芻される場合，落ち込みの程度が強くなると考えられます．自己注目もさることながら，波線部のような思考を繰り返し反芻することが，激しい落ち込みの背景となるのです．

　さて，"失敗＝もうダメだ＝生きている価値がない"といった図式は

果たして成立するものでしょうか．自己注目と反芻を繰り返す本人にとっては，もちろん成立しているものです．しかし，実際にはイコールでつながれるべきものではありません．失敗しても決してダメなわけではなく，生きている価値を失うこともありません．

## うつ病の原因

うつ病の発症要因として，心理社会的要因(ストレスなど)や生物学的要因などが想定されていますが，近年，原因の一つとして，脳内物質であるセロトニンが影響することが明らかとなってきました．

そして，セロトニン受容体に関与する薬物(たとえば，選択的セロトニン再取込み阻害薬；SSRIなど)を投与することで，症状の改善がみとめられています．

したがって，うつ病を治療する際，薬物療法は欠かせない手段となっています．しかし，脳内物質が単一でうつ病の原因となっているわけではなく，心理社会的要因も密接に関連し引き起こされます．こうしたことから心理的側面に対する支援も欠かすことができません．

## 一つの出来事は最大の出来事

気分の落ち込みは，あるネガティブな出来事により生じることが多々あります．ネガティブとは，"その本人にとって"ネガティブな出来事です．他者からみて「そんなことで悩んでいるの」と思うことであっても，その本人にとってネガティブならば気分の落ち込みの原因となります．したがって，他者の立場に立ち(共感)，自己注目や反芻の程度を知ることができれば，よりよい支援の可能性が広がります．

以下は，ある男性の事例です．どのように共感し，自己注目や反芻を受けとめればよいのでしょうか．

### 落ち込みの激しいPさん

　Pさんは60歳を目前にした男性です．仕事も順調で順風満帆に生活してきたとのことです．そんなある日，ある病気の可能性があるということで，再検査をするよう医師から指示を受けたそうです．医師によれば，「もしそうだったとしても初期で，それほど心配することもなく，念のため」とのことでした．再検査までには期間があり，そのあいだ，Pさんは不眠などを呈し，カウンセリングを受けることにしたそうです．

　カウンセリングの初期では，病気（Pさんいわく，「自分に振りかかった災難」）に立ち向かう活力に満ちあふれた印象を受けました．カウンセリングが進むにつれ，当初の印象とはガラリと変わりました．「自分に振りかかった災難に飲み込まれそう」で「仕事も何もかも手につかず，ただ病気のことだけを考えている，つらい……」といったことを訴えます．

　また，ある日Pさんは，"腰の違和感"を発見しました．そして，"病気"＝"腰の違和感"＝"死"といった認識をつくり上げ，「自分は死んでしまうのではないか」といった考えを反芻しています．

　ここで，"腰の違和感"について「心理的なもの」と判断してしまう

のは早急なので，医学的診断を必要としますが，今回の病気との因果関係はなく，ほかの所見も見当たらないとのことです．

　Pさんに降りかかった病気は，医学的には寛解するものです．しかし，順風満帆な生活を送ってきたPさんにとってはとてつもない"災難"となっています．ある"災難"に直面した際，心理的側面，身体的側面とも，過剰に注意が向けられる，すなわち自己注目が生じることがあります．不思議なもので，注目すると，いままで感じることができなかった感情や感覚が浮き彫りになります．これは自己注目の効果ともいえます．

　Pさんの場合，自己注目の結果生じた身体感覚をとおして，「自分は死んでしまう」といった破局的な思考が生じ，それが繰り返され，うつ状態に陥っています．したがって，Pさんのうつ状態に関与するためには，イコールで結ばれている誤った図式を修正し，破局的な思考の反芻をストップさせる必要があります．

　誤った図式を修正するために，初めにできる一つのことは，正確な病気の説明を行い，理解を仰ぐことです．そして，破局的な思考の反芻をストップさせるためには，心理療法や投薬も必要かもしれません．Pさんがかかえる問題に共感・傾聴し，それを正確に把握し，正しい情報提供を行うことが必須となります．

＊

　うつ状態やうつ病にかかわらず，患者の心理・行動的側面を正確に把握し，その患者に適した正確かつ詳細な情報を提供することは，医療に従事する専門家にとって重要な役割です．時間がかかるなど，さまざまな制限がありますが，それを実現することは，患者の心理的側面を支援すること，そして，よりよい医療を提供することにつながります．

# 9 職場のメンタルヘルス

　近年，職場におけるメンタルヘルスの低下が社会的問題となり，労働者自らが自分自身のメンタルヘルスを保持・増進することが求められています．また，労働者自身はもとより，職場の上司から部下に対する支援も必要不可欠です．

　職場のメンタルヘルスを低下させる理由は複雑で数多く存在します．そのなかでも，とくに人間関係の問題は，職場ストレスを生み，労働者のメンタルヘルス低下に重大な影響を及ぼします．

　ここでは，職場ストレスをはじめとした，職場におけるメンタルヘルスの問題を取り上げ，その支援の実際について紹介します．みなさんが誰かと働くとき，自分自身や同僚・部下をどのようにケアする必要があるのでしょうか．

## 労働者をケアする──歴史

　労働者をどのようにケアすべきかについては，これまで，厚生労働省

をはじめとした政府機関から指針として提示されています．1972年の労働安全衛生法では，「労働者の健康管理と安全義務に関する規定」が制定され，1988年の「事業場における労働者の健康保持増進のための指針」では，病気（とくに身体的疾患）の早期発見・早期治療，健康保持・増進にかかわる内容が提示されています．このように，職場における労働者のケアについて，その初期では，とくに身体的健康や安全を保持することを目的に，労働者のケアが実践されていました．

1990年代に入ると，1992年（1997年改訂）には，「事業者が講ずべき快適な職場環境の形成のための措置に関する指針」が提示され，ストレスの少ない作業環境や作業方法の管理と改善，設備の拡充などが重点的なテーマとなりました．1990年代は，OA（office automation）化など，職場環境が大きく変容し，そこで生じる環境ストレスにいかに対応するかが課題となっていたとも考えられます．そして，1999年には，「心理的負荷による精神障害等に係る業務上外の判断指針」が提示されます．2000年に近いこの時期に，とくに労働者がかかえる心理的問題に特化した取り組みに重点が置かれるようになります．

この時期は，職場ストレスや職場ストレスにかかわる諸問題が社会的問題となったこともあり，メンタルヘルスの保持・増進にいっそう力を入れた労働者ケアが求められるようになります．

その後，2000年には「事業場における労働者の心の健康づくりのための指針」，2001年には「職場における自殺の予防と対応」などが提示され，労働者のこころの問題に対する注目も高まります．そして，2006年には労働安全衛生規則が改正され，労働者のメンタルヘルスの保持・増進を目標としたケアの重要性が改めて提示され，身体的健康のみならず心理的な健康に関与する必要性は，現在一般的な認識となっています．

## 職場におけるメンタルヘルスの実態

これまで，さまざまな機関で，労働者の健康をテーマとした調査が実

施されています．調査結果をみると，身体的問題や心理的問題など，職場において労働者がかかえる問題の実態が浮き彫りになり，心身の健康保持・増進は，早急にケアする必要のある重大な問題となっていることがわかります．

図12は，精神障害にかかわる労災申請の状況を示したものです．労働者が業務に携わっている最中（通勤中も含みます）に，怪我をしたり病気にかかった場合が労災であり，正しくは労働災害とよばれます．労災として定められる病気のなかには，身体的な病気のみならず精神障害も含まれます．多少の増減はあるものの，労働者が罹患した精神疾患を労災として申請した件数は，とくに30代と40代で多く，平成26年度をみると，20～40代のまさに"働き盛り"の時期に，精神疾患を理由とした労災の申請件数が多いことが読み取れます．

こころの不調を呈する状況が，即，精神疾患ということではありません．また，たとえ，なんらかの精神疾患と診断されたとしても，すべて労災として認定されるわけではありません．しかし，図12をみると，過去と比較して，精神疾患をかかえる労働者数が増えていると読み取ることもできます．

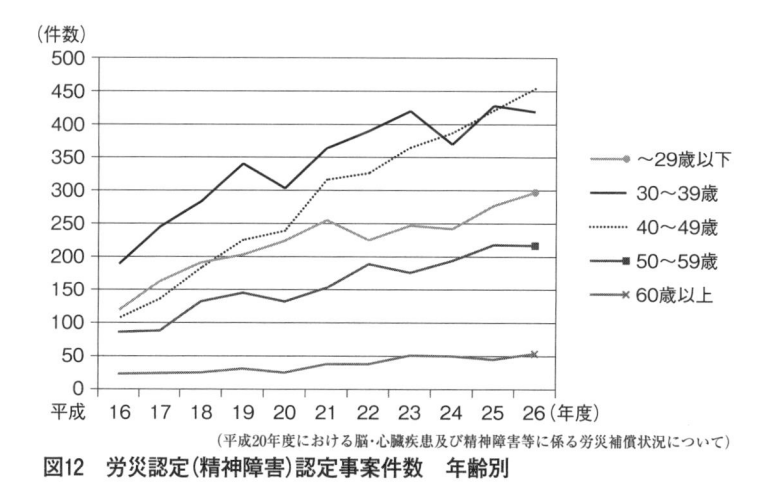

（平成20年度における脳・心臓疾患及び精神障害等に係る労災補償状況について）

**図12 労災認定（精神障害）認定事案件数　年齢別**

一方，精神疾患に対する社会的認知が高まり，精神疾患がより一般的となったことから，過去と比較して精神疾患にかかわる労災認定件数が増えたとも考えられます．いずれにしても労働者は職場において心理的問題をかかえており，それをケアすることは急務となっています．

## こころの問題を引き起こす要因

　労働者のメンタルヘルスを阻害する要因は何なのでしょうか．
　平成19年度に実施された労働者健康状態調査(厚生労働省)(図13)では，労働者がストレスをかかえる要因が整理されています．この調査結果をみると，仕事内容(仕事の質や量)や雇用(会社の将来性や昇進・昇給，雇用の安定性)の問題を抜いて，人間関係の問題が職場ストレスを喚起する一番の問題となっていることがわかります．
　近年，入職間もない看護師の離職が問題となり，早急な支援が必要な状況にあるといえます．日本看護協会の調査によれば，2014年度では新卒看護職員の離職率は7.5％，常勤では11.0％で，通算経験3年，5年の

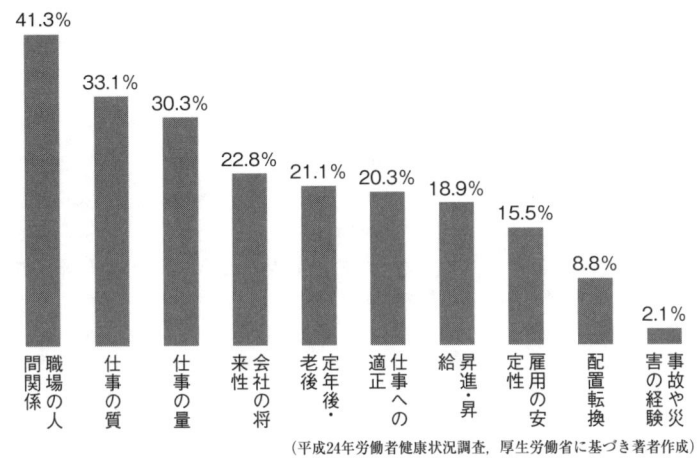

| 項目 | 割合 |
|---|---|
| 職場の人間関係 | 41.3% |
| 仕事の質 | 33.1% |
| 仕事の量 | 30.3% |
| 会社の将来性 | 22.8% |
| 定年後・老後 | 21.1% |
| 仕事への適正 | 20.3% |
| 昇進・昇給 | 18.9% |
| 雇用の安定性 | 15.5% |
| 配置転換 | 8.8% |
| 事故や災害の経験 | 2.1% |

(平成24年労働者健康状況調査，厚生労働省に基づき著者作成)

**図13　職場ストレスの状況**

離職率が高いことが示されています．また，過去の調査では，離職の理由として「精神的な健康上の理由」や「職場不適応」などが増加傾向にあることが示されています．もちろん離職理由が精神的な健康上の理由や職場不適応だけで説明できることではありませんが，こころの問題をかかえ，職場不適応を起こしてしまうのであれば，こうした環境から回避（離職や休職）する道を選択することも理解できます．

職場において，人間関係をはじめとしてさまざまな問題をもち，職場に適応できない場合，早急に具体的なケアを行う必要があります．

看護教育の場では，多くの知識・技能を吸収し，ときには思い悩みながらも"自分の道"を探しながら奮闘し，半ば挫けそうになったとしても，最後には希望に満ちた笑顔で卒業する学生によく出会います．希望に満ちた表情をみると「不安や疑問をかかえ膨大な知識を吸収することに精一杯であった時期は決してむだではない」と強く感じます．

しかし，希望に満ちた表情から一変し，臨床の難しさやたいへんさ，そしてやりがいを感じとる間もなく職場を去ってしまう現実があることは，非常に危惧されるべきことです．

## 職場におけるケア

これまで紹介したとおり，職場においてこころの問題をかかえる労働者は増え，社会的にも労働者のこころの問題にケアすることが推進されています．また，こころの問題の背景には，職場の人間関係に関するストレスが影響する可能性もあります．したがって，労働者のメンタルヘルスを保持・増進するためには，職場の人間関係を改善する必要があるともいえます．

しかし，これまでも繰り返し説明したとおり，人間関係を変えること（他者を変えること）は非常に難しく時間がかかり，ここでは，カウンセリング的なアプローチを用い，人間関係の問題をかかえる当事者をケアすることも求められます．

労働者をケアすることをめざした場合，職場では大きく分けて，労働者が自分自身をケアするセルフケア，職場の管理監督者（上司）が部下を組織的にケアするラインケアがあります．労働者が自分で自分をケアし，かつ，組織的にケアすることが，メンタルヘルスの保持・増進やこころの問題を予防する可能性があります．

### 自分でケアする——セルフケア

　セルフケアは，なんらかの方法を用いて，労働者が自分自身で心身の健康をケアすることを指します．たとえば，ストレスを感じたときに，"自分で使いやすい方法"を用いて対処することは，セルフケアの一つです．そして，使いやすいため，数あるストレスに継続して適用できる可能性があります．"使いやすい"方法を用いた対処は，適切な方法を用いたストレス・マネジメントともいえます．

　セルフケアを実現するためには，第1に，労働者の意識づけを行うことが必要不可欠です．ストレスをかかえていたとしても，それに対処する必要性を感じなければ，知らず知らずのうちに，大きな問題をかかえてしまうことも想像できます．したがって，問題が大きくならないうちに，「こうなる可能性もある」といった意識をもつことが必要不可欠です．

　意識づけは，「心身の健康度を保つこと，そして高めることの重要性を周知し，心身の健康度を保つことへのモチベーションを高める」ことです．たとえば，定期的に実施される健康診断などをとおして，身体の健康が害されていることがわかった場合，その状態（身体的な問題）を発見し次第，自発的に医療機関にかかり，早期に治療を受けることができる可能性が高くなります．また，身体的健康を高めるための行動（運動など）も実践されやすくなります．一方，心理的な健康は，重篤になるまで対処されないことも少なくなく，予防に対する意識も低いといった現状があります．

　したがって，セルフケアを促進する場合，自分自身で日常的に心理的側面をケアすることの重要性を伝え，セルフケアに対する"やる気"を

**表12 セルフケアの手順(例)**

| 準備と意識づけ | メンタルヘルスやストレスに関する情報提示(問題意識の啓発) | 広報活動 |
|---|---|---|
| 問題の抽出 | メンタルヘルスケアに対するニーズ,その職場の問題を抽出 | 調査 |
| 方法論の提示 | 具体的なケアの手段を提示,理解の促進 | 研修など |
| 方法論の体験 | 具体的なケアの手段を疑似的に体験,利用できる状態へ | |
| 日常への適用と評価 | 体験した手段を適宜,個人で利用,効果の評価 | フォローアップ |

向上させることも必要であり,ストレスや精神疾患の発現機序を伝え,心理的問題が生じる"理由(メカニズム)"を理解できるように情報を伝達し,セルフケアを実行する目的を明確にし,支援することが求められます.

情報を伝達することに加え,"具体的な方法"を手に入れ,それを実生活で活用できるようになることも欠かせません.職場研修などをとおして,具体的な"やり方(ストレス・マネジメント法など)"を修得することも重要な位置づけとなります(表12).

具体的な"やり方"を十分に修得した次の段階では,それを日常生活で適用できることも望まれます.また,日常生活で適用する際,その"やり方"が効果的かどうかについて評価することも必要であり,自分にとってより効果的な方法を探し,身につけ,使うといった過程が,メンタルヘルスの保持・増進に大きく寄与します.

セルフケアの方法は多数存在します.自分自身にあった"やり方"を修得し使用する必要があります.

## 組織でケアする──ラインケア

ラインケアは,職場の管理監督者(上司)が組織的にケアすることを指します.たとえば,上司が部下の様子を気遣い,変調があれば,適宜ケアするなどといったことはラインケアです.セルフケア同様,ラインケアを実践するうえで,職場の管理監督者の理解や意識づけを高めることは必要不可欠です.

たとえば，ラインケアというシステムを導入したとしても，それを運用する上司が，「こころの病気なんて甘えだ」などといった姿勢であれば，そのシステム自体，機能しないことになります．こころの状態は目でみることができず，他者からみれば，"怠け"のように感じられることもあります．しかし，こうした見方だけでは，目にみえないこころをケアすることはできません．

ラインケアを運用する上司が，こころの問題に対して本質的に理解できていれば，労働者は，自分が悩んだとき，職場にあるケア資源(たとえば相談室や産業医など)を有効に利用できる可能性が高くなります．

職場の風土はラインケアに大きく影響を及ぼします．自分自身が思い悩み，ケア資源を活用したいと願うとき，「職場で心理相談を受けると自分の評価がどうなるのだろう」といった不安をかかえ，悩みが増幅する場合もあります．

ラインケアを効果的に機能させるためには，心理的問題や精神疾患などとよばれる，他者から簡単には判断することのできない状態に対する偏見を最小限に抑え，ケア資源を最大限に活用できる環境を整えることが必要不可欠です．

ラインケアを実現するうえで，その職場の管理監督者(上司)が労働者(部下)のこころの問題を本質的に理解し，率先してケア資源を活用することの重要性を認識し，職場の風土を整備することが求められます．そのためにも，上司はメンタルヘルスにかかわる知識を蓄え，ケア資源(たとえば，精神保健スタッフや産業医による相談や職場の研修会など)を有効利用するための"やり方"を熟知することが欠かせません．もちろん上司も労働者であり，セルフケアを行うことも求められます．

ラインケアの重責を担い，同時にセルフケアを行うことを求められる，なんともつらい立場にあるようにも思えますが，このつらさは，よい職場環境を築くモチベーションとなりえます．よりよい豊かな職場環境を築くことができたとき，その結果として生じる職場集団の結束力や生産性の向上は，何者にも代え難い価値のあるものです．

## 部下を評価する

　ラインケアを実践する際，部下を評価することも必要です．ここでの評価とは，部下の能力や業績評価を指すのではなく，部下のメンタルヘルスの状態を評価することを指します．たとえば，職場環境で部下が「ストレスをどの程度感じているのか」「何か問題をかかえてはいないか」などを，より正確に評価するといったことです．

　部下の状態を正確に評価するためには，前述のとおり，上司は一般的な心理的メカニズムやストレス理論，精神疾患などを十分に知る必要があります．また，評価するためには，評価するための基準をもつ必要もあります．

　この基準となるものは，普段の様子です．部下の普段の様子を知らないかぎりは，部下が不調を呈したとき，その違いを把握することも，普段の様子と比較することもできません．したがって，ラインケアを実践するとき，"普段の様子を知るために，普段から部下の話を傾聴し，表情を観察するなどといった姿勢が求められます（第Ⅱ章「5 他者の立場に立つ」p.123,「6 来談者中心療法」p.131参照）．

　いつも他者を気遣い，違いに気づいたとき（正確に評価できたとき）にケア資源を提供することがラインケアの基本といえます．表13は，いつもとの違いを評価する際に肝要となるポイントです．また，心理検査（ストレスチェックテストなど）を用い，いつもとの違いを評価する方法

**表13　いつもとの違いを確認する**

| |
|---|
| ①元気がなく，口数が少ない様子．「自信がない」「自分はダメだ」という発現が多くなる．気分の落ち込みから元気がなく，それは他者からみてもわかるほどである．活力も感じられない |
| ②落ち着きがなく，過活動，攻撃的と感じることもあり，周囲は戸惑うこともある．また，ふだん冗談を言わないような人が，突然冗談を言い，周囲が驚かされてしまうこともある．周囲からすると，お酒に酔っているようにみえることもある |
| ③疑い深い，被害妄想的，孤立している様子がある．こうした様子は，性格的なものではなく，あるときからみとめられる変化である．人は病識（自分が病気であるという認識）をもちにくいこともあり，周囲はその本人の病的な状態に悩まされている様子が見受けられる |
| ④不安な表情を浮かべ，落ち着かず，席に着いていることが苦痛に感じているように見受けられる．この不安な様子も性格的なものではなく，あるときからみとめられる変化である |
| ⑤仕事中の居眠りやボーッとしていることが多くなり，話しかけても気づかずボーッとしていることが多い．夜，眠れないことから，昼間に眠気に襲われることがある |

もあります．

　ここでは，職場におけるメンタルヘルスのとらえ方やケアの方法についてまとめました．とくに，医療現場は多忙であり，セルフケアやラインケアを実践することが難しい領域かもしれません．自分自身のキャリアや職場という組織の成長を考える場合，労働者の心身の健康度を高め，各種疾患を予防すること，また，なんらかの疾患を発症した場合，早急に具体的なケア資源を提供することが求められます．

　セルフケア，ラインケアといわれると，何やら難しいことをやらなくてはいけないような気がしますが，そんなことはありません．セルフケアは自分を守る方法，ラインケアは組織を守る方法です．ここで共通することは，自分を含めた人間に寄り添い，注意深く聴き・観ることです．多忙な毎日の生活のなかで，自分や他人に寄り添うことは難しいことかもしれませんが，その基本が成立しなければ，セルフケアもラインケアもうまくいきません．

　自分や他人と向き合うこと，それが，職場におけるメンタルヘルスを向上させる第一歩です．

# 10 健康保持・増進と健康教育

　現代社会において，心身の健康を保持し，さらに高めることは全人的なテーマとなっています．心身の健康にかかわる行動を持続することは，個々人で実践するべき事柄である反面，教育的な支援を有効に活用することで実現できる可能性もあります．ここでは，健康保持・増進に寄与する理論と実践的方法について紹介します．

## 健康保持・増進と予防

　心身の健康を保持し増進するうえで，各種疾患（身体的・精神的疾患）を予防することも欠かすことができません．予防についてキャプラン（Caplan, G.）（第Ⅰ章「10 メンタルヘルスとソーシャルサポート」，p.79参照）は，第一次予防，第二次予防，第三次予防に分類し，定義化しています（表14）．

　キャプランの予防をふまえれば，心身の健康保持・増進を実現するた

表14　予防の三種

| 第一次予防 | 精神的不健康を引き起こす原因を少なくする |
| --- | --- |
| 第二次予防 | 早期発見と早期対処で罹患期間を短くする |
| 第三次予防 | 再発の防止や精神障害から派生する欠陥を低減する |

めには，身体的・精神的疾患の発現リスクを最小限に抑え，早期発見をすることが肝要となります．したがって，第一次予防と第二次予防は，現時点で健康な状態であったとしても十分に考慮すべき予防なのです．

## 予防を実現するために

広く予防をめざすとき，体系立った方法を用い，その方法を社会的資源として提供（ソーシャルサポートにおけるサポート源として提供）する必要があります．社会的な健康支援はヘルスプロモーションとよばれ，健康保持・増進にかかわる活動を支援する重要な役割を果たしています．

ヘルスプロモーションは1986年に発表されたオタワ憲章において「人々が自らの健康をコントロールし，改善することができるようにするプロセス」と定義づけられ（expert patient program：Epp, 1986），とくに学校教育場面におけるヘルスプロモーション，予防にかかわる教育は米国を中心に実施されてきました．

たとえば心臓循環器系の疾患予防，肥満や糖尿病の予防，精神的疾患の予防などは代表的なヘルスプロモーションで，これら実践は，"ただ単に（経験論的に）"行われているわけではなく，各種理論に基づき実施されています．

## 健康保持・増進にかかわる理論

健康行動を持続することに奏功する理論は多数存在します．たとえば，1960年代には健康信念モデル[1]（Becker, 1974）が健康行動の持続に影響することが提唱され，その後，合理的行為の理論（Fishbein & Ajzen, 1975）や行動計画理論[2]（Ajzen, 1991）などが提唱されました．そして，さ

表15　5つの行動変容ステージ

| | | |
|---|---|---|
| ステージ1 | 無関心ステージ<br>(precontemplation) | 半年以内に健康行動を起こそうとする意図がない |
| ステージ2 | 関心ステージ<br>(contemplation) | 半年以内に健康行動を起こそうとしている |
| ステージ3 | 準備ステージ<br>(preparation) | 1か月以内に健康行動を起こそうとしており，実践する準備ができている |
| ステージ4 | 実行ステージ<br>(action) | 半年未満ではあるが，健康行動を実践している |
| ステージ5 | 維持ステージ<br>(maintenance) | 健康行動を半年以上継続して行っている |

まざまな理論を統合した理論として理論横断モデル（トランスセオリティカル・モデル，transtheoretical model：TTM）[3] (Prochaska & DiClement, 1983)が提唱され，わが国においても健康教育や予防教育の実践を行う際，欠かすことのできないものとなっています．

### トランセオリティカル・モデル

このモデルでは，5つの行動変容ステージが置かれ，各ステージを考慮した支援を行う必要性が指摘されています（表15）．

ステージの初期段階では，"予防の必要性"について啓発することをめざし，対象者の意識づけや動機づけを高めるための情報を提示すること（知識学習的な関与）が必要不可欠です．なぜ，健康行動を起こす必要があるのかを的確に伝えることが求められます．

### "なぜ"を伝えること

健康行動を持続し，各種疾患を予防することを目的とした集団に対する教育的支援を行うとします．集団なので，その対象者は多数です．多数の対象者のニーズやモチベーションは一定でしょうか．

健康行動を持続し各種疾患を予防する際の難しさは，その対象者が一定ではないということです．たとえば，他者を支援する際，重要な考え方となるソーシャルサポート（第Ⅰ章「10　メンタルヘルスとソーシャル

サポート」，p.79参照）が機能する条件の一つとして，"受け手にとって，そのサポートが必要か否か"が重要であることを紹介しました．健康にかかわる教育的支援も同様で，ステージの初期段階で，教育の対象者が，健康行動や予防に対するニーズがない場合やモチベーションが低い場合，有効な支援とはなりえない場合があります．

したがって，教育の担当者は，対象者のニーズやモチベーションを高める努力をすることが求められます．そして，対象者のニーズやモチベーションを知るためには，支援の対象者とコミュニケーションをとり，また，必要であれば，ニーズやモチベーションを的確に測定することも重要です．

そして，対象者のニーズやモチベーションを高めることを（多少なりとも）実現し，その後，具体的な健康行動の持続にかかわる教育を実施します．この方法も多様ですが，行動を変容させ，セルフコントロールの可能性を高めることをめざすのであれば，行動療法や認知療法などといった心理療法のエッセンスを用いる必要もあります．

### 準備・実行――持続

初期のステージで，支援対象者がニーズをもち，モチベーションを高めることができた場合，実際に健康行動をとる段階に入ります．たとえばダイエット行動であれば，ダイエットのための食事メニューを立案し（ステージ3），半年，1年，と継続的にダイエット行動を持続する（ステージ4・5）などが例としてあげられます．また，禁煙行動であれば，禁煙する意思を固め（ステージ3），半年間禁煙を継続し（ステージ4），1年の禁煙に成功（ステージ5）などといった例もわかりやすいのではないでしょうか．

ニーズをもつことができれば，「よしやるぞ！」といったモチベーションをもち，ある行動を起こす準備を行うことは比較的やりやすいことです．一方，実際にアクションを起こしたあと，そのアクションを継続することは至難の業です．ダイエット行動の最中，甘いものをみると思

わず食べてしまうことや，禁煙の最中，飲み会で思わず吸ってしまうことなどはよくあることです．

ここで重要なのは，ステージ4・5の実行期に，思わず失敗してしまうことが，"すべてを台無しにしてしまうこと"ではないと認識することです．禁煙については，ニコチンなどへの依存の問題もあるので，一概にいえませんが，1回の失敗ですべてリセットされるわけではなく，失敗しても次の瞬間から軌道修正をすれば，ステージ4・5から転がり落ちることはありません．

「失敗しちゃったからもういいや」となれば，ステージ1に逆戻りとなる可能性も否めません．しかし，諦めてしまう状況で，いかにモチベーションを持続させるかが，健康行動を持続させる鍵となります．

*

目標である健康行動の持続や予防意識の啓発を達成するために，円滑なコミュニケーションにかかわる理論や方法論，臨床心理学のなかで提唱されている理論や方法論は大いに役立ちます．

臨床心理学やカウンセリングと聞くと，なんらかの心理的問題を解決する方法といったイメージをもたれがちですが，一般的な健康支援に際しても利用価値が高いといった特徴もあります．さまざまな知識を知り，技法を駆使することで，有効な支援が実現できる可能性が高まります．

## ●引用・参考文献

### Ⅰ-1 人間を理解する
1) サトウタツヤ，高砂美樹：流れを読む心理学史——世界と日本の心理学．有斐閣アルマ，2005．
2) 八木　晃編：現代基礎心理学1 歴史的展開．東京大学出版会，1986．

### Ⅰ-2 精神分析と無意識
1) Baker, R.(宮城音弥訳)：フロイト——その思想と生涯．講談社現代新書383, 1975．
2) 小此木啓吾，馬場謙一編：フロイト精神分析入門．有斐閣新書，1977．
3) Frued, S.(高橋義孝，下坂幸三訳)：精神分析入門(上)．新潮文庫，1996．
4) Frued, S.(高橋義孝，下坂幸三訳)：精神分析入門(下)．新潮文庫，1997．
5) 妙木浩之：フロイト入門，筑摩新書，2000．
6) Wealder, R(村上　仁訳)：フロイト入門，みすず書房，1975．

### Ⅰ-3 精神分析と防衛機制
1) 赤井誠生(中島義明ほか編)：コンフリクト．心理学辞典，p.285, 有斐閣，2001．
2) Lewin, K.：A Dynamic Theory of Personality(1935)（相良守次，小川　隆訳)：パーソナリティの力学説．岩波書店，1959．
3) 笠井　仁(中島義明ほか編)：防衛機能．心理学辞典，p.792, 有斐閣，2001．
4) 笠井　仁(中島義明ほか編)：投影．心理学辞典，p.621, 有斐閣，2001．
5) Frued, S.(高橋義孝，下坂幸三訳)：精神分析入門(上)．新潮文庫，1996．
6) Frued, S.(高橋義孝，下坂幸三訳)：精神分析入門(下)．新潮文庫，1997．
7) 妙木浩之：フロイト入門，筑摩新書，2000．
8) 小此木啓吾，馬場謙一編：フロイト精神分析入門．有斐閣新書，1977．

### Ⅰ-4 行動から理解する
1) Watson, J.B., Rayner, R.：Condition emotional reactions. Journal of Experimental Psychology, 3：1～14, 1920．
2) 異常行動研究会編：オペラント行動の基礎と臨床——その進歩と展開．川島書店，1985．
3) サトウタツヤ，高砂美樹：流れを読む心理学史——世界と日本の心理学．有斐閣アルマ，2005．
4) Skinner, B. F.(河合伊六ほか訳)：科学と人間行動．二瓶社，2003．

### Ⅰ-5 自己概念と自己イメージ
1) 山蔦圭輔：自己概念．産業カウンセリング辞典，p.174, 金子書房，2008．
2) Erikson, E. H.(小此木啓吾訳編)：自我同一性——アイデンティティとライフ・サイクル．誠信書房，1975．
3) 宮下一博(中島義明ほか編)：アイデンティティ．心理学事典，p.4, 有斐閣，2001．
4) 宗像恒次，及川尚美：リアリティショック——精神衛生学の視点から．看護展望，11(6)：2～7, 1986．
5) Rogers, C. R.(伊東　博編訳)：パーソナリティ理論．ロージァズ全集第8巻，岩崎学術出版社，1967．

### Ⅰ-6 人間とは何か
1) 久能　徹ほか：改訂 ロジャーズを読む．岩崎学術出版社，2006．
2) 村瀬孝雄，村瀬嘉代子編：ロジャーズクライエント中心療法の現在．日本評論社，2004．
3) Rogers, C. R.(伊東　博編訳)：パーソナリティ理論．ロージァズ全集第8巻，岩崎学術出版社，1967．
4) Rogers, C. R.(諸富祥彦ほか訳)：ロジャーズが語る自己実現の道．岩崎学術出版社，2005．
5) Thorne, B.(諸富祥彦監訳)：カール・ロジャーズ，コスモス・ライブラリー．2003．

### Ⅰ-7 自分とは何者か——こうありたい自分
1) 久能　徹ほか：改訂 ロジャーズを読む．岩崎学術出版社，2006．
2) 村瀬孝雄，村瀬嘉代子編：ロジャーズクライエント中心療法の現在．日本評論社，2004．
3) Rogers, C. R.(伊東　博編訳)：パーソナリティ理論．ロージァズ全集第8巻，岩崎学術出版社，1967．

4) Rogers, C. R.(諸富祥彦ほか訳)：ロジャーズが語る自己実現の道．岩崎学術出版社，2005.
5) Thorne, B.(諸富祥彦監訳)：カール・ロジャーズ．コスモス・ライブラリー．2003.

## Ⅰ-8 コミュニケーションと他者の存在
1) 松田　惺(中島義明ほか編)：自己効力感．心理学辞典，p.330，有斐閣，2001.
2) Bandura, A.：Self-efficacy ; Toward a unifying theory of behavioral change. Psychological Review, 84：191～215, 1977.
3) 安藤清志：欲求．心理学辞典，p.868，有斐閣，2001.
4) Maslow, A. H.：A Theory of Human Motivation. Psychological Review, 50：370～396, 1943.
5) Mead, G. H.(稲葉三千男ほか訳)：精神・自我・社会．青木書店，2005.

## Ⅰ-9 他者の印象とコミュニケーション
1) 林　文俊(中島義明ほか編)：印象形成．心理学辞典，p.48，有斐閣，2001.
2) Asch, S. E.：Forming Impressions of Personality. Journal of Abnormal and Social Psychology, 41(3)：258～290, 1946.
3) 佐藤浩一(中島義明ほか編)：初頭効果．心理学辞典，p.429，有斐閣，2001.
4) 林　文俊(中島義明ほか編)：第一印象．心理学辞典，p.544，有斐閣，2001.

## Ⅰ-10 メンタルヘルスとソーシャルサポート
1) 嶋　信宏(氏原　寛ほか編)：ストレスとコーピング．心理臨床大事典，培風館，2004.
2) 浦　光博：支えあう人と人――ソーシャルサポートの社会心理学．サイエンス社，1992.

## Ⅰ-11 コミュニケーションとリーダーシップ
1) 松原敏浩(中島義明ほか編)：リーダーシップ．心理学辞典，p.80～81，有斐閣，2001.
2) Lewin, K.et al：Pattern of aggressive behavior in experimentally created "social climates". Journal of Social Psychology, 10：271～299, 1939.
3) 三隅二不二：リーダーシップ行動の科学　改訂版．有斐閣，1984.
4) 明田芳久ほか：ベーシック現代心理学7　社会心理学．有斐閣，1998.

## Ⅱ-1 メンタルヘルスと人間関係
1) World Health Organization：CONSTITUTION OF THE WORLD HEALTH ORGANIZATION. 1946.
2) 厚生労働省：職場における心の健康づくり――労働者の心の健康の保持増進のための指針，2008.
3) Lazarus, R.S. & Folkman, S.：Stress, Appraisal, and Coping.(本明　寛ほか監訳)：ストレスの心理学――認知的評価と対処の研究．実務教育出版，1991.

## Ⅱ-2 ストレスとは何か
1) Selye, H.(杉靖三郎ほか訳)：現代社会とストレス．法政大学出版局，1988.
2) 野村　忍：情報化時代のストレスマネジメント．日本評論社，2006.
3) Holmes, T.H. & Rahe, R.H.：The Social Readjustment Rating Scale. Journal of Psychosomatic Research, 11(2)：213～218, 1967.
4) Rosenman, R.H. et al：A Predictive study of coronary heart disease ; The Western Collaborative Group study. Journal of American Medical Association, 189：15～22, 1964.

## Ⅱ-3 ストレスのメカニズムとストレス・コーピング
1) Lazarus, R. S. & Folkman, S.：Stress, Appraisal, and Coping. 1984(本明　寛ほか監訳)：ストレスの心理学――認知的評価と対処の研究．実務教育出版，1991.
2) 野村　忍：情報化時代のストレスマネジメント．日本評論社，2006.

## Ⅱ-4 心身相関とリラクセーション
1) 久保木高房(中島義明ほか編)：心身相内．心理学辞典，p.447，有斐閣，2001.
2) 佐々木雄二監：自立訓練法の実際――心身の健康のために．創元社，1984.
3) Jacobson, E.：Progressive relaxation. University of Chicago Press, 1929.
4) Jacobson, E.：Progressive relaxation ; A physiological & clinical investigation of muscular state

& their significance in psychology & medicine. University of Chicago Press, 1938.

## Ⅱ-5 他者の立場に立つ
1) 久能 徹ほか：改訂 ロジャーズを読む．岩崎学術出版社，2006．
2) 村瀬孝雄，村瀬嘉代子編：ロジャーズクライエント中心療法の現在．日本評論社，2004．
3) Rogers, C. R.(伊東 博編訳)：パースナリティ理論．ロージァズ全集第8巻，岩崎学術出版社，1967．
4) Rogers, C. R.(諸富祥彦ほか訳)：ロジャーズが語る自己実現の道．岩崎学術出版社，2005．

## Ⅱ-6 来談者中心療法
1) 國分康孝：カウンセリングの技法．誠信書房，1979．
2) 楡木満生(松原達哉ほか編)：1．カウンセリング理論の歴史．心のケアのためのカウンセリング大事典．p.52〜56，培風館，2005．
3) 田上不二夫(日本カウンセリング学会編)：1．認定カウンセラーの役割．認定カウンセラーの資格と仕事，p.1〜9，金子書房，2006．
4) 久能 徹ほか：改訂 ロジャーズを読む．岩崎学術出版社，2006．
5) 村瀬孝雄，村瀬嘉代子編：ロジャーズクライエント中心療法の現在．日本評論社，2004．
6) Rogers, C. R.(伊東 博編訳)：パースナリティ理論．ロージァズ全集第8巻，岩崎学術出版社，1967．
7) Rogers, C. R.(諸富祥彦ほか訳)：ロジャーズが語る自己実現の道．岩崎学術出版社，2005．
8) Thorne, B.(諸富祥彦監訳)：カール・ロジャーズ．コスモス・ライブラリー．2003．

## Ⅱ-7 行動療法・認知行動療法
1) 岩本隆茂ほか：認知行動療法の理論と実際．培風館，1997．
2) 坂野雄二編(嶋田洋徳)：行動療法．臨床心理学キーワード，p.68〜69，有斐閣双書，2000．
3) David, L. et al(坂野雄二，不安抑うつ臨床研究会訳)：エビデンスベイスト心理治療マニュアル，日本評論社，2000．
4) 坂野雄二：認知行動療法．日本評論社，1995．
5) 下山晴彦：認知行動療法──理論から実践的活用まで．金剛出版，2007．

## Ⅱ-8 うつ状態とうつ病
1) American Psychological Association(髙橋三郎・大野裕監訳)：DSM-5 精神疾患の診断・統計マニュアル．医学書院，2014．
2) 坂本真士：自己注目と抑うつの社会心理学．東京大学出版会，1994．
3) 坂野雄二編：臨床心理学キーワード．有斐閣双書，2003．
4) 山中康裕，成田善弘：第5部精神医学．心理臨床大事典，培風館，2004．

## Ⅱ-9 職場のメンタルヘルス
1) 大阪商工会議所編．メンタルヘルス・マネジメント検定試験公式テキストⅡ種ラインケアコース．第2版，中央経済社，2009．
2) 厚生労働省：労働者健康状況調査の概況．2008〜2014．
3) 厚生労働省安全衛生部労働衛生課：厚生労働省指針に対応したメンタルヘルスケアの基礎．中央労働災害防止協会，2002．
4) 杉渓一言ほか編著：産業カウンセリング入門．改訂版，日本文化科学社，2011．
5) 職場における心の健康対策班：こころのリスクマネジメント＜管理監督者向け＞──部下のうつ病と自殺を防ぐために．中央労働災害防止協会，2004．

## Ⅱ-10 健康保持・増進と健康教育
1) Becker, M. H.：The health belief model and personal health behavior.Health Education Monographs, 2, 324〜508, 1974.
2) Ajzen, I.：The theory of planed behavior.Organizational Behavior and Human Decision Processes, 50, 179〜211, 1991.
3) Prochaska, J. O. & DiClement, C. C.：Stage and processes of self-change of smoking;Toward an integrative model of change.Journal of Consulting and Clinical Psychology, 51, 390〜395, 1983.
4) 日本健康心理学会編：健康教育概論．健康心理学基礎シリーズ4，実務教育出版，2003．

# index

## 数字，欧文

5つの行動変容ステージ ………………… 167
Asch, S. ……………………………………… 73
Beck, A. T. ……………………………… 142
Brentano, F. ………………………………… 5
Caplan, G. ……………………………… 79, 165
Cattell, J. M. ………………………………… 5
Charcot, J. M. ……………………………… 14
Dewey, J. …………………………………… 6
DSM-Ⅳ-TR ……………………………… 148
Erickson, E. H. …………………………… 49
Fechner, G. T. ……………………………… 4
Folkman, S. ………………………………… 97
Frued, A. ………………………………… 16
Frued, S. ………………………………… 10
Hall, G. S. …………………………………… 5
Holmes, T. H. …………………………… 105
Hull, C. L. ………………………………… 7
Jacobson, E. ……………………………… 119
James, W. …………………………………… 7
Koffka, W. …………………………………… 5
Kohler, W. …………………………………… 5
Krepelin, E. ………………………………… 5
Lazarus, R. S. …………………………… 97
Lewin, K. …………………………………… 88
Lippitt, R. ………………………………… 88
Locke. J. …………………………………… 3
maintenance ……………………………… 90
Maslow, A, H. ……………………………… 8
Pascal, B. …………………………………… 3
performance ……………………………… 90
phenomenal field ……………………… 126
PM理論 …………………………………… 90
Rahe, R. H. ……………………………… 105
Rogers, C, R, ……………………………… 8
Schultz, J. H. …………………………… 117
Selye, H. ………………………………… 104
Skinner, B. F. ……………………………… 7
SRRS ……………………………………… 105
SSRI ……………………………………… 152
Titchener, E. B. …………………………… 6
Tolman, E. C. ……………………………… 7
TTM ……………………………………… 167
Watson, J. B. ……………………………… 7

Weber, E. H. ……………………………… 4
Wertheimer, M. …………………………… 5
White, R. K. ……………………………… 88
WHO ……………………………………… 96
Wundt, W. ………………………………… 4
Y字型 ……………………………………… 92

## あ行

アルバート坊やの実験 …………………… 36
安全と安定の欲求 ………………………… 66
言い訳 ……………………………………… 26
意識 …………………………………… 14, 53
一次的評価 ………………………… 98, 110
一次的欲求 ………………………………… 68
一致 ………………………………………… 61
イド ………………………………………… 17
印象形成 …………………………………… 73
陰性（の）逆転移 ………………… 29, 32
陰性転移 …………………………………… 29
うつ状態 ………………………………… 147
うつ病 …………………………………… 147
──の原因 ……………………………… 151
──の診断基準 ………………………… 149
影響力の行使 ……………………………… 88
エゴ ………………………………………… 17
エス ………………………………………… 17
円環型 ……………………………………… 91
オタワ憲章 ……………………………… 166
オプティマルストレス ………………… 107
オペラント条件づけ ………………… 39, 41

## か行

回避-回避の葛藤 ………………………… 21
外部評価 …………………………………… 94
カウンセリング ……………………… 131, 132
科学物質などによるストレッサー …… 105
学習 ………………………………………… 53
仮説構成体 ………………………………… 57
カタルシス ……………………………… 136
価値観 …………………………………… 146
葛藤 …………………………………… 20, 21
葛藤状態 …………………………………… 23
緩衝効果 …………………………………… 81
機能主義 …………………………………… 6
機能主義心理学 …………………………… 6

| | |
|---|---|
| ギブ・アンド・テイクの関係 ……………… 83 | こころの問題 …………………… 158, 159 |
| 気分の落ち込み ……………………… 147 | 好ましい刺激 ……………………………… 40 |
| 逆転移 ………………………………… 28, 32 | コミュニケーション ……… 65, 69, 72, 87, 91 |
| 客観的情報 ……………………………… 59 | コミュニケーションネットワーク ……… 91 |
| 客観的人間理解 ………………………… 4 | |
| 教育的支援 ……………………………… 84 | |

## さ行

| | |
|---|---|
| 共感 …………………… 124, 127, 129, 131, 134 | 催眠研究 ……………………………… 117 |
| 共感の理解 …………………………… 134 | 作業効率 ………………………………… 87, 90 |
| 恐怖 ……………………………………… 43 | サポートの種類 ………………………… 82 |
| 局所論 …………………………………… 14 | 作用心理学 ……………………………… 5 |
| 偶然の行動 ……………………………… 39 | 支援対象者 …………………………… 134 |
| 鎖型 ……………………………………… 92 | 自我 ……………………………………… 17 |
| クライエント ………………………… 134 | 自我同一性 ……………………………… 49 |
| 形態 ……………………………………… 5 | 刺激 …………………………………… 43, 44 |
| 傾聴 …………………………… 123, 129, 131, 134 | 資源 ……………………………………… 80 |
| 系統的脱感作 ………………………… 139 | 自己一致 ………………………… 134, 135 |
| ゲシュタルト心理学 ……………………… 5 | 自己一致状態 …………………………… 62 |
| 嫌悪刺激 ………………………………… 35 | 自己イメージ ………… 45, 46, 47, 49, 100, 101 |
| 嫌悪的な感情 …………………………… 27 | 思考スタイル ………………………… 142 |
| 健康教育 ……………………………… 165 | 自己概念 …………………… 45, 46, 100 |
| 健康行動 ………………………… 168, 169 | 自己効力感 …………………………… 62, 65 |
| 健康信念モデル ……………………… 166 | 自己実現欲求 …………………………… 67 |
| 健康保持・増進 ……………………… 165 | 自己注目 ………………………… 149, 150 |
| 言語的コミュニケーション ………… 132 | 自己否定感 …………………………… 143 |
| 現実自己 ……………………………… 61, 63 | 自己理解 ……………… 45, 48, 100, 134, 150 |
| 現象的場 ………………… 53, 57, 58, 126, 134 | 自尊感情 ………………………………… 62 |
| 口唇期 …………………………………… 18 | 実験心理学 ……………………………… 4 |
| 構成主義 ………………………………… 6 | 実証的研究 …………………………… 133 |
| 構成主義心理学 ……………………… 6, 38 | 自動思考 ……………………………… 142 |
| 構造論 …………………………………… 17 | 社会再適応評価尺度 …………… 105, 106 |
| 肯定的配慮 …………………………… 134 | 社会的環境 ……………………………… 97 |
| 行動 …………………………………… 42, 44 | 社会・文化的なストレッサー ……… 105 |
| 行動計画理論 ………………………… 166 | 車軸型 …………………………………… 91 |
| 行動主義 ………………………………… 53 | 充実感 …………………………………… 65 |
| 行動主義心理学 ……………… 7, 34, 35, 38 | 集団維持 ………………………………… 90 |
| 行動変容ステージ …………………… 167 | 集団の構造 ……………………………… 92 |
| 行動療法 ………………………… 138, 142 | 集団のパフォーマンス ………………… 87 |
| 行動理論 ……………………………… 138 | 自由連想法 ……………………………… 15 |
| 肛門期 …………………………………… 18 | 主観的情報 ……………………………… 59 |
| 合理化 …………………………………… 24 | 浄化 …………………………………… 136 |
| 合理的行為の理論 …………………… 166 | 条件づけ ………………………… 34, 35, 39 |
| コーピング …………………………… 109 | 憔悴 …………………………………… 143 |
| こころと身体の緊張 ………………… 114 | 情緒的サポート …………………… 82, 84 |
| こころのダイナミズム ………………… 17 | 承認と自尊の欲求 ……………………… 67 |
| こころの袋 ……………………… 58, 59, 126 | 食行動の問題 ………………………… 144 |

| | |
|---|---|
| 職場ストレス | 121, 156, 158 |
| 職場のメンタルヘルス | 155 |
| 職場不適応 | 159 |
| 所属と愛情の欲求 | 67 |
| 自律訓練法 | 117 |
| ——の暗示文 | 118 |
| 新行動主義心理学 | 7 |
| 心身相関 | 114, 115 |
| 心的装置 | 15 |
| 心理学的ストレス理論 | 97 |
| 心理学の一般性・客観性 | 3 |
| 心理学の誕生と発展 | 2 |
| 心理検査 | 163 |
| 心理社会的ストレッサー | 104, 105 |
| 心理社会的発達 | 49 |
| 心理的・行動的問題 | 16, 44 |
| 心理的・身体的緊張 | 116 |
| 心理的安定状態 | 61 |
| 心理的環境 | 97 |
| 心理的ストレス理論 | 110 |
| 心理的なストレッサー | 105 |
| 心理的不安定状態 | 61 |
| 心理的不適応 | 16 |
| 心理的メカニズム | 110 |
| 心理療法 | 9 |
| 心理臨床分野 | 133 |
| スーパーエゴ | 17 |
| スキーマ | 142, 146 |
| スキナー | 7 |
| スクリーニングテスト | 148 |
| ストレス | 80, 96, 97, 111, 116 |
| ストレス・コーピング | 80, 98, 109 |
| ストレス・マネジメント | 160 |
| ストレス解消方法 | 112 |
| ストレス社会 | 103 |
| ストレス対処法 | 80 |
| ストレスチェックテスト | 163 |
| ストレスのメカニズム | 109 |
| ストレス反応 | 104, 109 |
| ストレスフル・ライフ・イベント | 105 |
| ストレスフルなコミュニケーション | 116 |
| ストレス理論 | 110 |
| ストレッサー | 104 |
| 性器期 | 18 |
| 精神障害 | 157 |

| | |
|---|---|
| 精神物理学 | 4 |
| 精神分析 | 10, 12, 20, 53 |
| 精神分析学 | 12 |
| 精神分析における発達段階 | 18 |
| 青年期 | 49 |
| 生物的なストレッサー | 105 |
| 生命維持にかかわる欲求 | 66 |
| 生理的欲求 | 66 |
| 世界保健機関 | 96 |
| 積極的関心 | 134 |
| 接近-回避の葛藤 | 22 |
| 接近-接近の葛藤 | 21 |
| 摂食障害 | 144, 145 |
| セルフケア | 160, 161 |
| セルフコントロール | 138, 141, 143 |
| セルフモニタリング | 145 |
| セロトニン | 152 |
| 前意識 | 14, 53 |
| 潜在期 | 18 |
| 漸進的筋弛緩法 | 117, 119, 120, 121 |
| 選択的セロトニン再取込み阻害薬 | 152 |
| 躁病エピソード | 148 |
| ソーシャルサポート | 79, 80, 81, 82, 83, 84, 166 |
| ソシオグラム | 93 |

### た行

| | |
|---|---|
| 第一次予防 | 165 |
| 大うつ病エピソード | 148 |
| ダイエット行動 | 168 |
| 第三次予防 | 165 |
| 対人支援 | 2 |
| 対人支援法 | 9 |
| 第二次予防 | 165 |
| タイプA行動パターン | 107, 108 |
| 他者の印象 | 72 |
| 他者の存在 | 65, 66 |
| 他者の立場 | 123 |
| 他者評価 | 100, 101 |
| 他者理解 | 45, 101 |
| 男根期 | 18 |
| 超自我 | 17 |
| 直接効果 | 81 |
| 治療場面で生じる感情 | 29 |
| 適応的側面 | 6 |
| 転移 | 26, 28 |

投影 ·················· 26, 28, 31
道具的サポート ············ 82, 84
トークン ················· 139
トークンエコノミー法 ········· 139
独裁型リーダーシップ ·········· 88
トランスセオリティカル・モデル ··· 167

## な行

内観法 ················· 4, 37
内的コミュニケーション ······ 70, 71
内的準拠枠 ······· 53, 55, 57, 58, 126, 134
内発の動機づけ ·············· 42
内部的照合枠 ··············· 126
内部評価 ··················· 94
二次的評価 ·············· 98, 111
二次的欲求 ·················· 68
二重接近-回避の葛藤 ·········· 22
日本カウンセリング学会定義委員会 ·· 132
人間性心理学 ············ 8, 9, 52
人間の客観的側面 ·············· 38
人間理解 ············ 29, 83, 96, 158
認知 ················ 43, 44, 142
認知行動療法 ············ 138, 141
認知行動理論 ··············· 43
認知的側面 ················· 142
認知的評価 ················· 110
認知療法 ············ 142, 143, 144
脳内物質 ··················· 152

## は行

パーソナリティ ·············· 134
発達段階の課題と危機 ·········· 49
発達論 ····················· 18
般化 ······················ 40
反芻 ····················· 151
非言語的コミュニケーション ····· 132
不安 ······················ 75
不安階層表 ················· 141
不一致 ····················· 61
フィルター ············ 54, 56, 58
物理的(環境)なストレッサー ···· 105
ヘルスプロモーション ········· 166
変性意識状態 ················ 14
防衛機制 ··········· 13, 20, 23, 24
報酬 ················· 40, 139

放任型リーダーシップ ·········· 88
ボディイメージ ············· 145

## ま行

マズローの欲求5階層説 ······ 66, 67
ミードの自己論 ··············· 68
三隅二不二 ·················· 90
三隅のPM理論 ··············· 90
民主型リーダーシップ ·········· 88
無意識 ············· 12, 14, 53
無条件の受容 ··············· 134
メンタルヘルス ····· 79, 96, 155, 156, 158, 159
問題行動 ·············· 133, 138

## や行

薬物療法 ··················· 152
陽性(の)逆転移 ··············· 29
陽性転移 ··················· 29
要素主義心理学 ··············· 37
要素心理学 ··················· 4
抑圧 ··················· 16, 24
欲求 ··············· 18, 65, 66
欲求不満 ············ 20, 23, 66
予防の三種 ················· 166

## ら行

来談者中心療法 ····· 9, 53, 131, 133, 135, 136
ラインケア ············ 160, 161
リアリティショック ············ 50
リーダーシップ ············ 87, 88
離職理由 ··················· 159
リストカット ··············· 129
理想自己 ················ 61, 63
リラクセーション ············ 114
リラクセーション法 ·········· 119
リラックス法 ··············· 112
理論横断モデル ············· 167
ルミネーション ············· 151
労災認定 ··················· 157
労災認定(精神障害)認定事案件数 ·· 157
労働安全衛生法 ············· 156
労働者健康状態調査(厚生労働省) ·· 158
ロジャーズの自己論 ······ 48, 58, 61

176

## おわりに

　心身の健康を考え各種疾患の発症を予防することは，私たち人間にとって欠かすことができない重要なテーマです．身体的健康に加え，メンタルヘルスを高めることが必須となる社会的環境で，私たちは何ができるでしょうか．できることはたくさんありますが，一つは，"知識を蓄える"ことではないでしょうか．知識を蓄えるといっても頭でっかちになるわけではなく，現実の生活に活きる知識を柔軟に吸収し，吸収した知識を実際に使ってみるということです．

　たとえば，美味しいショートケーキを作るとしましょう．イチゴの種類や糖度などの情報を知ることで，よりよいイチゴを手に入れることも期待できます．同様に，こころの問題を解決したい（ショートケーキを作る）としましょう．こころのメカニズムやこころの問題の対処法を知る（イチゴのことを知る）ことで，こころの問題を解決するためのよい方法を手に入れることもできるかもしれません．

　また，こころの問題を考えるうえで，他者との関係を取り上げることも必要不可欠です．皆さんにとって他者はどのような存在でしょうか．もしかすると，嫌な人が目の前に立っているとき，「もう！嫌で嫌で仕様がない！」と溢れ出さんばかりの感情に襲われることがあるかもしれません．嫌だと感じること，すなわち感情を豊かに感じ取れることは人間の特権です．しかし，その感情にとらわれ，自分自身のメンタルヘルスを低下させ，行動も制限されてしまうことも事実です．ここで，自分自身の"嫌"を感情的に終わらせるのではなく，ぜひ，本書でも紹介したような，心理学や臨床心理学で提唱されている理論や方法論を用いて考えてみてください．大きくてとても扱いきれないような"嫌"という感情が，自分自身で扱うことができる柔軟な感情に変わることも期待できます．

　皆さんが本書を読み終えたあと，私は一つ質問をしたいと思います．この質問は，"はじめに"でお尋ねしたものと同様です．「あなたは健康ですか？」

　明確に答えることが難しくてもかまいません．しかし，いつか何かの機会に立ちどまり，自分自身の健康とは何かを考えてみてください．身体もこころも休息が必要です．

　最後に本書を刊行するにあたり，筆の遅い私に辛抱強くお付き合いいただいた学研メディカル秀潤社の松下亮一氏，黒田周作氏，石山神子氏に御礼を申し上げます．また，私のソーシャルサポート源となっている妻と二人の娘に感謝します．

2012年3月

山蔦　圭輔

こころの健康を支える臨床心理学

| | | |
|---|---|---|
| 2012年 4月 1日 | 初 版 第1刷発行 | |
| 2020年 2月 3日 | 初 版 第3刷発行 | |

著　者　　山蔦　圭輔（やまつた　けいすけ）
発行人　　影山　博之
編集人　　小袋　朋子

発行所　　株式会社 学研メディカル秀潤社
　　　　　〒141-8414 東京都品川区西五反田 2-11-8

発売元　　株式会社 学研プラス
　　　　　〒141-8415 東京都品川区西五反田 2-11-8

印刷所　　株式会社シナノパブリッシングプレス
製本所　　株式会社若林製本工場

**この本に関する各種お問い合わせ先**
【電話の場合】
● 編集内容については Tel 03-6431-1237（編集部）
● 在庫については Tel 03-6431-1234（営業部）
● 不良品（落丁，乱丁）については Tel 0570-000577
　学研業務センター
　〒354-0045 埼玉県入間郡三芳町上富 279-1
● 上記以外のお問い合わせは Tel 03-6431-1002（学研お客様センター）
【文書の場合】
● 〒141-8418　東京都品川区西五反田 2-11-8
　　　　　　学研お客様センター『こころの健康を支える臨床心理学』係

©K.Yamatsuta 2012.　Printed in Japan
● ショメイ：ココロノケンコウヲササエルリンショウシンリガク
本書の無断転載，複製，頒布，公衆送信，翻訳，翻案等を禁じます。
本書を代行業者等の第三者に依頼してスキャンやデジタル化することは，たとえ個人や家庭内の利用であっても，著作権法上，認められておりません。
本書に掲載する著作物の複製権・翻訳権・上映権・譲渡権・公衆送信権（送信可能化権を含む）は株式会社学研メディカル秀潤社が管理します。

JCOPY 〈出版者著作権管理機構委託出版物〉
本書の無断複写は著作権法上での例外を除き禁じられています。複写される場合は，そのつど事前に，出版者著作権管理機構（電話 03-5244-5088，FAX 03-5244-5089，e-mail: info@jcopy.or.jp）の許諾を得てください。